未來 創造塾 NO.1

未來的設計創造

打開你的五感六覺，
對接場景、逆算時代！
60堂設計未來的
創意必修課

預測未來的最好方式，
就是去創造它！

林承毅——著

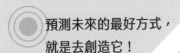

PART 2 如何設計五感六覺 114

2-1 以人為本，回應潛藏需求

設計未來的
60 堂創意必修課
×
在地賦權，逆算時代，創造未來！

我想先邀請大家一起來打開想像力，激發屬於你的感性，一同來想像二〇三〇年我們共同居住的這處家鄉。如果這真的是我們安身立命，期待能永續實踐安居樂業之地，那N年之後，你會在哪裡？做什麼？過著怎麼樣的生活？

❏

這是在過去幾年中，我以一位「地域活化傳道士」角色奔走全台，時常會出現的一段互動實況。地點可能是在某個社區的活動中心，某個部落的文建站，公所的大禮堂，或某個青年營運的美好空間裡頭，而時間往往都會在傍晚工作坊即將進入尾聲之際，通常需要起身激勵眾人士氣，而我選擇用最後一起完成一件事情，來做爲當日最後也是最重要的一件事，那就是一同「謀劃未來」，一起來建構屬於我們的「未來家園」！

也許你會說，「老師，我們只是老百姓，只是返鄉青年，只是個素人，只是有興趣來參加一場工作坊，我們哪裡有那麼大的能耐，還有影響力？眞的說或想就可以心想事成嗎？眞是好傻好天眞，尤其今天鄉長、縣長等主事者又沒有來……」但我想說的是，從過去的經驗，我深刻感受到，地方的人們，心中總有種淡淡的憂愁，對於改變感到無能爲力，認爲地方這群人就是缺了競爭力或被主流拋棄，甚至有種深深的「帝力何有於我哉」之感。

如果大家對未來不抱持任何希望，沒有任何鬥志與期盼，那地方的未來會如何？等待一位救世主嗎？是鄉長？是返鄉青年？還是哪位英雄？眞的就隨人顧性命嗎？但少子化、高齡化、地方過疏的情況，又是這樣日益加劇的席捲而來，眞的就只能束手無策，看著地方就此沉寂下去？

❏

透過工作坊，或許就是絕佳且是翻轉的第一哩路。記得在二〇一七年台東「南方以南」藝術祭的前導活動中，有機會與日本社區設計的大師山崎亮先生同台，在那一場由studio-L團隊所帶領的社區設計工作坊的最後一個段落，同樣進行著這樣想像未來的內容。會後我請教了山崎亮先生，他說會有這樣的設計也是從過去在日本地方的實踐經驗而來，他認爲每一處地方都充滿著無限的潛力，但往往人因爲過於熟悉或安逸，因此難以改變，其中就是缺少了多一點的想像力及創造力，再加上過去多半是由政治人物來做決定，所以壓根子沒想過每個人都有能力與可能來規劃未來。

我當時就想著，如果在每一回合的工作坊當中，能將地方有動能、有能力的人集結在一起，將彼此在腦海裡的未來影響串聯起來，從一個人、十個人，再到百人，那樣的集合不就是人們對於地方的實際憧憬。當人們有這樣的期待與希望，接下來不就可以集結更多的風之人、創意工作者或多方人士，一起一步一步地讓夢想實踐？而這就是我在這幾年頻頻提出願景逆算法的初心，期待更多台灣地方投入地域實踐，至少以二〇三〇年爲基準點。

❏

這樣的在地實踐與創生行動，與過往最大的不同，應是回歸人本爲中心，地方重新賦權，想想我們是誰，爲什麼在這裡，期待著怎樣的生活。不再如過去，總是以外來者爲核心，思考著如何拚經濟、壯觀光，努力到後來，文化更流失，特色更單一，生活僅是奢求。地方創生在我的定義中是一個面向未來的行動暗號，爲了迎接緊縮社會的來臨，人類需要的是思維的調整，行動的修正，越科技確實要越在地。

因此，設計思考是一路需帶上的思維，以人爲核心，以需求爲導向，講求脈絡與細微洞見。而服務設計及體驗創新，則是時代之下，必然的追求與轉型，讓體驗的眞實、溫度，成爲別於電商的競爭力。而社區設計及社會創新的浪潮也帶著我們從城市返回地方，關心弱勢，尊重多樣性，開闢人生的多元戰場，並透過永續發展目標SDGs來爲人類的行動定錨。

而這樣的一切，不就是爲了可期的未來？

所以我想用「未來創造」這四個字來進行收束，無論是用著怎樣的名字，我們期待的不就是一個可期、享有絕佳生活品質之安居樂業的未來？爲了這個目標，我們持續努力著，拿出創意，端出使命，循著願景，只因爲我們相信，如此多變的時代，總有著我們所期待的未來。

歡迎你加入這個行列，共同前進未來創造之境！

PART 1

如何設計地方

✧ 拚創生，喚醒地方希望
✧ 以流動，種下連結
✧ 從地方，到地域品牌

有別於過往以城市為中心、地方為邊陲，
近十年間，「地方」正成為一門新的顯學。

也許你對火紅的「地方創生」議題並不關心，
但生活在台灣的你，已無可迴避
「高齡化、少子化、地方過疏」三大共同困境，
這些現象正影響著你我的未來——

「如何設計地方」以 25 篇觀察、可視化思維導圖，
懷抱人本信念，以設計思考為武器，深入每寸地域核心，
用策略戰術與願景，激發地域活化之新可能，
邀你一起設計地方，創造安居樂業的未來。

NO. 01

願景創造

✕

都嘛是，為了「安居樂業」而來

地方創生　移居　流動　生活型態　永續發展　智慧城市

二〇一八年五月二十一日，第一次行政院「地方創生會報」當天，由國發會報告「我國地方創生國家戰略初步構想」，並在會議中正式宣布二〇一九年爲「台灣地方創生元年」。

這面「地方創生」大旗，並不是爲實行已久的社區總體營造找下台階或新門路，而是爲了正面迎戰困擾台灣許久的「國安問題」。醫藥科技發達，高齡人口延命，生活型態、價值觀改變，少子化是必然趨勢，當兩者出現反轉交叉，再加上長期區域資源不均，多項問題加總之下的總和性問題，如何能解，千頭萬緒。

而眼前這些有形無形的障礙，是持續透過擴大補助，來鼓勵年輕人增加生育，還是反過頭來想辦法把環境處理好，人自會有所安排？真的有辦法，把創業視爲創生解藥，持續挹注資源與誘因，引導年輕人多靠近一點土地，創業並有效移居，人口受到牽引而移動回流，最終國土走向均衡發展的理想境界？

創生終極追求：安居與樂業

在尋求各式解方的過程中，我們不妨回頭思考，地方創生想解決的問題背後，到底是在追求著什麼？當「聯合國永續發展目標」（SDGs）[1]成爲日本在談論創生的基本款，當智慧城市（Smart City）的概念，讓城與鄉從各自角度，視之爲解決人力問題的根本解藥，種種直指的未來與其可期的生活，其中關鍵，與價值觀的轉換也有關。處於多元的社會，人們不如以往，僅守著單一的生活型態價值觀，也不再把移動視爲畏途，而是能隨著狀態進行流動，不管居住、生活、創業、社交，皆是如此。於是返鄉與留城不再是一面倒，追求工作及生活之間的平衡，成爲一種新的生活模式渴望，也更突顯了「安居樂業」這四個字的重要性，而這正是如今推展地方創生的總目標。安居與樂業，兩者缺一不可，無法孤立存在。

重塑地方與人的互動支持

試想，「安居」有沒有可能，隨著當代生活脈絡而奮起，成爲與「樂業」平起平坐的一種選項，擁有相對優質的生活環境，廣闊自然的空間，不輸給城市的均質軟硬體系統，撐起生活所需的必要支持網絡。如此一來，人口移動、移居，城鄉之間的重新洗牌，也就更有可能。而這不就是地方創生在日本及台灣兩地被提出並大力倡導之最初之因？

爲了「安居樂業」，地方創生的實踐者，無論是留鄉者，是行動中的返鄉青年，或停佇都市裡的關係人口，爲生存而一生懸命，感受難免沉重並深刻，但何嘗不是另一種與深愛地方關係重建的儀式歷程，而地域振興從這才開始，地方與

1　聯合國於二〇一五年發表「二〇三〇永續發展目標」（SDGs 2030），包含十七項核心目標，涵蓋環保、社會、經濟三大主軸議題。

人，亦可期待將互爲彼此重要的支持系統。

地方創生是一門未來學，一場生活型態選擇革命，也是一次價值觀的重整，從中有許多機會出現，放大了人、工作、生活、居住、人生的想像力，開啟了新時代、新世代對於美好生活的追求新可能。當「地方創生」這個詞，能成爲跨世代、官方與民間之間，面對當下困境及未來遠景的共通語言，當城鄉之間不在存在著高下優劣，而是得以順著人的想望進行選擇，那麼，「流動」將引流著各式資源、訊息及內容，自在地進行交換與連結。人也因而有機會可以不用再委屈自己，能選擇深愛之地，創造自己的定位，活化那個地方，平衡的生活。

創造力習作

一、二、三，深呼吸
三題三分鐘動動腦

Q1

當你想到「安居樂業」這四個字，腦海瞬間浮現怎麼樣的景象？

Q2

想像二〇三〇年的你，你希望在哪裡？過著怎麼樣的生活？

Q3

對你而言，「永續」是一個怎麼樣的概念？

「安居樂業」是地方創生的總目標

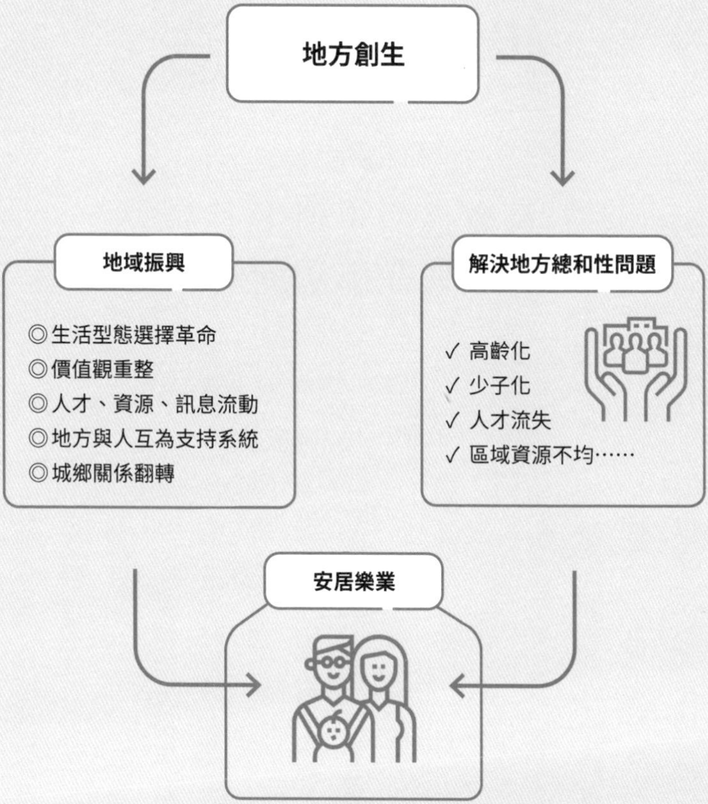

⋯⋯

地方創生迎戰「國安問題」，
帶動城鄉之間關係及次序重新洗牌的可能，
也放大了人們對美好生活的追求，與地方重建關係。

NO. 02

性感力創造 × 是奮進的「創生」！誰跟你在那邊創殤！

地方創生　社區總體營造　破壞式創新
返鄉　自發性　危機感　創造力

「地方創生」，或許是近幾年之內，台灣社會討論眾多、疑惑甚巨、眾說紛紜的一個用詞，但也被消遣最多，甚至被視爲繼「文創」之後的下一個幹話。

有人說地方創生，根本就是一場換湯不換藥，由政府主導，支配民間的政策鬧劇。另一群曾懷抱夢想返鄉，但在過程中，處處碰壁，吃虧如吃補般怡然自得的地方青年，也調侃說：什麼創生，根本就是「地方創殤」，講那麼多理念、空話，能吃飽生存才是王道。當然也有一群人，企圖從現象覺察，從而窺看出一絲希望的曙光。

如果說「地方創生」這四個和製漢字是舶來品，那在還未平行輸入之前，台灣爲地方做了什麼？回顧一九九四年同樣從日本傳來的「社區總體營造」，算正式引動了地方認同及愛鄉愛土的社區意識，而在時間洪流中所遭遇的各式危機，如九二一地震、莫拉克風災，更加激發出台灣人的堅韌生命力，也讓地方引起更多關注，從而開始有許多人，懷抱願念，投入地域實踐行動。

地方：發展稍遲但充滿希望之地

地方創生概念當初在日本被提出，核心想處理的，是地方人口快速減少、產業空洞化，造就區域發展不均的問題，而所謂的「地方」，指的是每年會磁吸超過十萬人以上之東京之外的區域，嚴格一點說，是三大都會圈以外的地方。而台灣該如何定義「地方」呢？依我個人見解，面積僅等同於九州大小的台灣，可以把「地方」的概念，設定爲區域發展稍嫌延遲，但充滿希望之地，如此更適合本地的狀態。

創生：破壞式創新翻轉危急現況

至於「創生」，望文生義解讀，很容易讓人聯想到是不是要青年到地方增產報國、爲地方創造新的生機等解釋。回到地方創生的英文「Regional Revitalization」，代表著復興、振興；但如果依日本政府提出這個概念的脈絡，「創生」比較精準的解釋，會是創新（Innovation）。也就是說，當社會整體狀態已十分危急，意味著過去所採行的模式已經緩不濟急，因此要透過破壞式創新的思維及手法，大破大立來力求翻轉。

台版的地方創生，從我長期的觀察及詮釋，必然是一條勵精圖治之後的地域實踐新路線。我不認爲單憑有形資源的匱乏程度、人口的狀態，就能決定一個地方的存續結果；一地是否出現有自發性的行動，具危機感的人們，以及具創造力的援軍（簡稱「創生性感力法則」），將是攸關一地是否有機會復興的重要衡量指標。而創生背後存在著強烈的創新精神，一切來得又快又猛，就像當下所看到的，一群又一群的實踐者們，面對不間斷的生存之戰，引入新觀念、新做法，尋求新契機。

當然民間自主的打先鋒，還需要政府爲後盾，協助把基盤穩固作爲奧援。仔細來看，所有的投入，都是承繼著世代社區工作的基礎邁進，所以勿忘社區營造，勿忘社會創新，勿忘文資保存，勿忘生態永續，勿忘文化產業，勿忘街區活化。

確實，創生必定要誠實面對「生存」這項嚴肅課題。歸鄉是一種選擇，背後隱藏了錯綜複雜的理由，但能否順利落地，關鍵在於是否能甘之如飴的去面對地方的一切？是否好好的在喜歡的地方生活著？能否肆意的專注在喜歡的工作上創新價值？如果把「地方創生」直接與創業、新創掛上等號，換來的很容易是一、兩年之後的憤怒與失望，原因多半出自於認知上的失調與邏輯的錯亂。必須說，地方創生不是機會主義者存在之路，而是對文化土地生活有想望者的戰場。

創造力習作

一、二、三，深呼吸
三題三分鐘動動腦

Q1

你心目中的地方在哪裡？需要怎麼樣的大破大立？

Q2

創生的核心思維在於「破壞式」，你能理解是為什麼嗎？

Q3

如果說性、感、力是創生的重要衡量指標，你認為哪一項最困難？

啟動地方創生的必要方程式

自發性 ＋ **危機感** ＋ **創造力**

＝

創生性感力法則

↓

地方創生 Regional Revitalization

◎地方：區域發展稍嫌延遲，但充滿希望之地
◎創生： revitalization 振興／ innovation 創新
❖地方創生 ⇨ 追求美好的存在

↑

世代社區工作基礎

◎社區營造　◎文資保存　◎文化產業
◎社會創新　◎生態永續　◎街區活化

……

地方創生透過創新的思維及手法面對地方存續課題，
是對文化土地生活有想望者的戰場，
不是機會主義者之路。

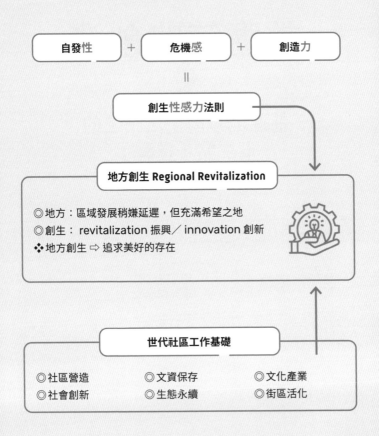

NO. 03

前瞻策略創造 × 前進地方創生之路上的十二點「提醒」

跨域整合 公民連攜 TESAS 創造力 地方品牌 跨區串聯 移動創生 永續發展 關係人口 二地居住 移住

地方創生爲時代變遷下的一種應變策略，經過近幾年我個人的觀察及參與，綜合出十二點提醒，希望透過跨領域整合，讓願景能接棒持續。

1—創造真正公民連攜(1)，角色確立分進合擊

創生是眾人之事，需官方民間通力合作。公部門的角色，除了在制度法規調整，還包含基礎建設、生活支援系統優化，並儘早完成區域綜合計畫，其他的，請信任並交給民間的活力。

2—需要投資思維，不忘文化根基與返鄉初心

捨棄補助路線，倡議投資思維來引動地方的自發性投入，讓商業邏輯來減少依賴，強化永續性，且不忘投入的初心。而對文化元素及地方DNA的挖掘，才是得以獨一無二的關鍵。

3—持續台日交流，啟動逆輸出，激盪思維做法

1 公民連攜：參見〈04 公私方程式創造〉。

2 地方創生資料庫（Taiwan Economic Society Analysis System，TESAS）由國發會建置上線，整合政府與民間各類統計及地圖資料，提供地方創生所需資訊。使用者可透過系統的地圖模組和統計圖表等視覺化功能，掌握資訊現況，例如以人口金字塔的方式呈現各鄉鎮人口密度與老人化情況。網址 https://colab.ngis.org.tw/lflt/index.html

日本先行五年的創生經驗是台灣行動的絕佳養分，但台灣的民間動能，卻創造出許多日本沒有的效果，若能強化交流，把台灣的經驗帶出去，刺激將帶來進步的自信與動力。

4—加速地方資源盤點，厚植在地支持系統

台灣缺乏詳實的地方基礎資料，例如一地的高齡化比率有多高？因此亟需做好系統式的盤點，強化TESAS（地方創生資料庫）(2)的可用性，並把資源花費在地方基礎工程的提升上。創生之路，要理性也要感性，但絕對不能憑～感～覺。

5—引入新觀念手法，持續文化創意設計擾動

當地方停滯不前，沒有生氣，這時候亟需一系列創意擾動，來創造出活化的可能契機。可引進各式不同模式，無論是策展、行銷及品牌策略，讓地方能感受到些許的改變，帶動突破。

6—打造地域品牌，形塑在地獨有的生活型態

透過品牌的打造讓地方更具有存在感，不再自卑，而願意回身了解自己，並看到地方獨特的價值。當地方能因而被更多人注目，後續發展就有了機會，而內容將成爲驅動前進的動力。

7—以故鄉愛為基底，引動集結異質性夥伴

找到更多對地方具有強烈認同感的同好，而彼此的異質性有助於在返鄉之後，建構一個更多元的生態系，其所發展出的地方支持系統，將有助於在行動過程中，相互扶持，加乘努力。

8—與利害關係人，進行跨區串聯，引動移動創生

打破以往地域既有疆界及社區範疇的領域性，擴大規模延伸整合數個地方自治體，以緊密都市爲共生圈的目標。並善用交通便捷之下，移動所能創造出的流動及交會性，締造連結。

2 緊密都市（compact city）：最早為都市計畫領域用以解決都市蔓延，透過集中性來創造美好都市生活的模式，背後包含高密度開發、土地混合使用，以及發展公共運輸等三大特點，而在面對高齡化、少子化、地方過疏等問題之下，為求資源有效率運用，以二十至三十萬人口規模來打造一個宜居的生活圈。筆者在近年也提出「郡創生」的概念，也就是能參照百年前日治時期台灣的州郡制度下郡的尺度規模，約等同於現在三到四個鄉鎮規模，來進行相關創生規劃，有別於目前台灣以單一鄉鎮來思考的邏輯。

9｜持續引領地方起業，前瞻永續發展可能

持續引進新的內容模式，活化地方朝氣，所有的創造及建置，都需要從永續的角度出發，以未來爲靶，兼顧在地環境生態，並顧及人群間的平衡感。

10｜鏈結關係人口，以交流為骨幹，推動二地居住

善用地方魅力所創造出的連結性，有效盤點與地方有深度連結的關係人口並定期進行維繫，凡事從交流角度去思考，吸引人們願意一期一會前來，最終推動二地居住的可能。

11｜擬定以住民為中心、宜住為基底的創生策略

住民是地方存在的關鍵，因此地方發展應建構以住民爲中心的思維及企畫，打造優質的生活環境，讓它轉爲一項誘因，增加移住的可能性。

12｜落實「移住人數」及「關係人口」雙指標

在大力吸引人們返鄉創業之外，移住的推動及支援，以及關係人口的盤點、聯繫與經營，對於地方同樣刻不容緩，明確了這兩項指標，將有助於強化人才回流的實質可能。

創造力習作

一、二、三，深呼吸
三題三分鐘動動腦

Q1

你認為，政府該投資什麼樣的地方團隊？此外，企業會有興趣投資地方嗎？

Q2

如何有別於目前檯面上的發展協會，結合有志之士為地方而努力？

Q3

地方該如何真正建立並落實「住民主義」精神，而不再以遊客、產值為衡量指標？

實踐地方創生的 12 個提醒

1. 創造真正公民連攜，角色確立分進合擊
2. 需要投資思維，不忘文化根基與返鄉初心
3. 持續台日交流，啟動逆輸出，激盪思維做法
4. 加速地方資源盤點，厚植在地支持系統
5. 引入新觀念手法，持續文化創意設計擾動
6. 打造地域品牌，形塑在地獨有的生活型態
7. 以故鄉愛為基底，引動集結異質性夥伴
8. 與利害關係人，進行跨區串聯，引動移動創生
9. 持續引領地方起業，前瞻永續發展可能
10. 鏈結關係人口，以交流為骨幹，推動二地居住
11. 擬定以住民為中心、宜住為基底的創生策略
12. 落實「移住人數」及「關係人口」雙指標

……

地方創生是因應未來的策略，
需要政府與民間攜手合作，
將力量與資源進行跨領域、跨地域整合。

NO. 04

公私方程式創造

×

攜手「協力」，請召喚口罩國家隊的精神

公民連攜　地方創生　地域活化　官方民間　危機感　自發性

在日本地域活化領域，有一個被大力推動的觀念——「公民連攜」（Public Private Partnership），指的是官方（公）與民間（民），眞正的建立起夥伴關係，爲了地方的未來，不分彼此聯合並攜手（連攜）並進。這樣的觀念，這幾年已取得若干成果，甚至有地方企業家加入，共同成立了以「公民連攜事業機構」爲名的組織。企圖透過線上教學、合宿研修的學習方式，讓想做一些事情的公務人員，以及有志在地方經營事業的夥伴，能從中獲得所需知識，並可藉由人脈的媒合，建立未來爲地方共同打拚的契機。

官民為共同願景心念相連

也許會有人問，這樣的模式與台灣過往推動的促參（OT、BOT、ROT、BOO）有何不同？說起來，也許規模沒有那麼大，但關鍵在於彼此的心念，是不是立基在官民「合作」或「連攜」這

樣的起心動念上。

在日本靜岡縣熱海市溫泉商店街的復甦行動中，有一場以探討公民連攜爲題的聚會，實際參與街區活化的一位地方公務人員分享了自己的體會：「其實一開始我也不覺得他們要做的事情跟我有關，了不起就公事公辦，但我有一天突然意識到，我自己也是市民，當我們一起合作，眞的可以讓我的城市更好，更有希望，那一切就不一樣了……」正因爲官方與民間彼此的心念連結，擁有共同的願景目標，甚至結合成一個共同體，才能眞正建構公民連攜。

公務人員：平行關係的協助者

在靜岡縣的沼津市，現爲INN THE PARK的自然休憩場所，過去最初爲少年自然之家，但因營運不善，地方政府面臨難題：要就讓它低度營運成爲名副其實的蚊子館嗎？還是乾脆閒置不用？最後當地政府決定奮力一搏，首先進行場域的調查，並積極拜會民間廠商，舉辦說明會，讓大家對於這個場所提出天馬行空的想法，最後採取公開提案方式，招募到一組具有經驗的廠商，把原先閒置的公園賦予多元的魅力，成爲目前享譽世界的森林營地。這個案例之所以成功，除了他們找到有實力的營運團隊外，更重要是公務人員在過程中的勇於任事，願意成爲平行地位的協力者，而非上下關係的委辦者，幫助團隊一路排除許多障礙，並在專業上報以完全的信任。

口罩國家隊，實現公民連攜

至於台灣，二〇二〇年因COVID-19所激發的「口罩國家隊」官民合作，讓我們見識到「公民連攜」不是空談，而是可以眞實的在台灣島上被實踐。面對疫情，人人都是關係人，當一群人有強烈危機感以及責任心，覺得沒有出來做些什麼，可能會造成不可收拾的後果時，人自然很容易團結在一起，這時候官是不是官、民是不是民，一點都不重要，而是大家是一個有使命的團隊，爲了共同解決問題聚集在一起。

回到台灣的地方現場，在政府喊出「地方創生」之後，可以看到全台各縣市鄉鎮，都基於業績壓力與政策使命，積極投入向國發會進行創生提案的行動。但必須說，要解決陳年舊症，絕對需要全面的做法，集結多元多能的團隊或人群一起投入，才有翻轉可能。「自發性」、「危機感」及「創造力」，是我認爲在地方創生中無比重要的要項，除此之外，就是「公民連攜」。當民間熱情被點燃，動能隨之而起，也還需要召喚在公部門裡修行的志士們，拿出同樣的覺悟與勇氣，跳脫公務體系的慣性思維與做法，才有可能眞正牽起民間的手並進。

創造力習作

一、二、三，深呼吸
三題三分鐘動動腦

Q1

你認為官方（公）與民間（民）之間要能真正攜手合作的關鍵為何？

Q2

如何引動更多有志之士，願意一起為地方或故鄉而戰？

Q3

請問你認為怎樣可以提高委外經營模式的成功率？

「公民連攜」建立夥伴關係

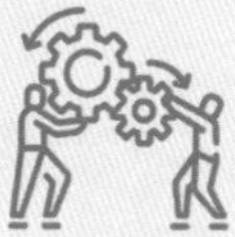

公民連攜

◎官方與民間建立起真正的夥伴關係，為了地方的未來，不分彼此，聯合攜手並進。

地方創生

公部門的使命

◎勇於任事
◎集結多元多能的人一起投入
◎成為平行地位的協力者
◎信任民間團隊的專業力
◎幫助排除障礙

……

官方與民間彼此的心念連結，擁有共同的願景目標，
甚至結合成一個共同體，
才能真正建構公民連攜。

NO. 05

質化指標創造 × 「成功案例」？三年打底、五年營運、十年磨一劍

案例學習　成功失敗　地方創生
量化指標　質化角度　時間脈絡性

每次在各地演講，總會有一群聽者過來交流，最常被詢問的問題，通常是：「能不能告訴我，任何台灣或日本的地方創生成功案例？」成功案例？聽到這問題，實在覺得難以一言道盡，因此我通常會這樣回頭問：「能不能告訴我，你的『成功』定義？現況與期待？」

隨著地方創生浪潮崛起，傳媒的推波助燃，讓案例更見於世，尤其各式日本的案例，只要一推出，總能在社群間引起許多討論。日子一久看多了，內心漸漸出現一種聲音：「怎樣看，都是一片美好，是否有失敗案例？」這裡對於「失敗」的定義，是指曾遭逢一段未見成效的過往，而後很努力嘗試不同方法力求反轉，或許有所起色，或者還一時無成。我甚至特別在二〇一九年三月，與合作夥伴、日本地方創生代表人物木下齊先生，一起展開一趟「地方創生失敗案例見學之旅」，現地觀察十幾個近年日本國內知名創生實踐

案例，並與第一線主事者面對面交談。

案例成敗的價值衡量不一

在地方創生領域，成功與失敗都是一個相當難以衡量的價值判斷，關鍵在於「該如何清晰定義成功」。是從被認爲最具體客觀的量化指標來證明嗎？當組織人數增加，機構營收成長，媒體報導次數暴增，主事者得到獎項，地方回流人數增加，或觀光人數增長，就可以算成功典範？但是，從質化角度，流動時間的脈絡性，具有其價值與意義。從過去三年、五年、十年時間軸的發展脈絡來看，當中可能有做對一些事情，也犯過一些錯誤，這時，藉著拉開時間的軸線，更能清晰看到案例的價值。

街區活化：發展歷程更具參考性

以近年在街區活化上享有盛名的台南「正興街」來說，當地曾出現房租上漲、知名店家撤出等狀況，而這樣一個案例，到底算是成功或是失敗？

街區本身就是一個小社會，處於其中的人事物，在商業邏輯的驅使下，每日不斷的在流動著，尤其當街區一活絡上來，當中的利益總是會引來各界的注目，常常從而引發後續的許多不可控制性。如果因而出現租金上漲、街區移轉、店家替換，難道就是失敗嗎？或許更值得我們關注的，是這當中的變遷發展是否有可供借鏡之處。

去脈絡式詮釋「成功」藏危機

地方實踐案例因屬性屬然，往往需要漫長投入及累積等待，絕對無法光憑一年或從單一切面就下評斷，因地方有高度的不確定性，還有許多非專業可及的互動邏輯，少說三年打底、五年營運，都還不夠拿得出來。

綜觀台日近年的現況，許多媒體或專家認定的「成功案例」，往往都是通過數年積累，中間遭逢轉折，或眞正十年磨一劍，才緩緩在土地上生根發芽，最終成爲鎂光燈注目焦點。但也許你不知道，兩年前，他才剛經歷一次破產危機，五年前才一群經營夥伴離去，因此，光從現在進行式，就斬釘截鐵判斷他是成功案例，如此去脈絡式的詮釋，武斷之餘，是否也造就了另一個價值觀，讓我們以爲一切都來得如此輕鬆自然，以爲找到了一條成功的路徑或是投入的圭臬。

因此，我能做的，是在腦海裡多準備幾則不同類型的案例，當有人問起「成功案例」，才能依照對方的狀況、需求、戰鬥位置，提供可參考者給他們思考。但附上警語：沒有一段經驗或案例可以複製，也沒有二分法的成功案例、失敗案例。

創造力習作

一、二、三，深呼吸
三題三分鐘動動腦

Q1

請問你認為可以用什麼樣的指標，來定義「創生成功」？

Q2

你認為失敗案例與成功案例，哪一個可以給你比較多的學習養分？

Q3

如果我們說多數的案例都無法複製，那為什麼我們會一直想聽、看案例？

案例脈絡化的思考練習

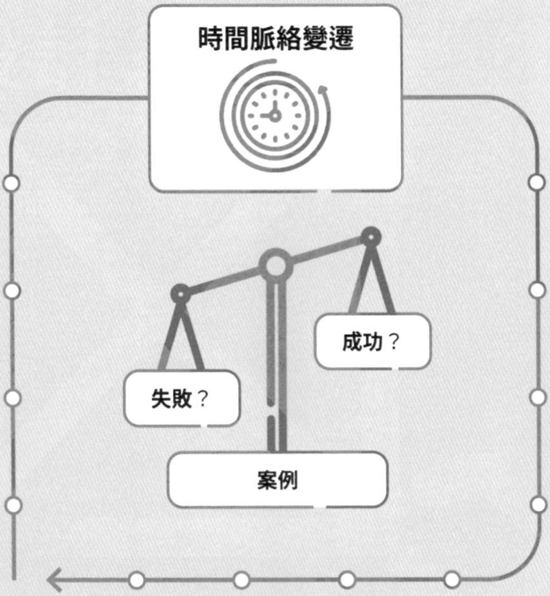

◎案例的成功或失敗，難以單從量化指標評斷，還必須從質化角度，拉長時間軸線去詮釋其價值。

……

從案例的發展脈絡去看，
當中可能有做對一些事情，
也犯過一些錯誤，更能清晰看到其意義。

NO. 06

實踐信心創造

×

「案例學習」學什麼？初心、使命、決策轉折

案例學習　決策轉折　實踐者初心

同理心　時間脈絡性　地方創生

近年來的地方創生熱潮，不得不說除了辛勤有理念的在地實踐者耕耘，各式媒體始終透過訊息傳播，肩負起極爲重要的推波助燃效應。每當有新的案例見世，短期間內也會在社群之間引發一陣陣的轉載熱潮。而綜觀討論區留言，可以清晰看見熱衷者的實際感受，以及後續掀起的見賢思齊之心。

以我親身經歷爲例，二〇一五年十月，我曾經在數位媒體上，寫過一篇來自日本南九州的地方過疏創新案例——「客貨兩用」區域巴士解決銀髮族生活所需的問題（〈「沒客人載，可以載貨啊！」公車變身宅急便！日本服務創新，解決偏鄉老人問題〉）。記得案例一在媒體露出，一時引發跨領域、世代、議題的受眾群關注，幾週內在網路上轉載不斷。大家的留言，通常是從個案所引發的反思：「不愧是日本，周到又貼心」、「對，台灣花東也需要做」、「看看日本想想台灣」、「台

灣的偏鄉曾有人關心嗎？」……台灣人的確對於案例很有感，且總是很立即的能回應到自身的情況上，後續甚至有交通運輸機構，針對日本的這個模式邀請我過去諮詢。

典範並非實踐的捷徑

但必須提醒的是，地方的異質性、人物的決策力，左右了一切。你不是他，那爲何覺得他走過的路，會成爲你可以隨之而上的捷徑？而「典範學習」，又是否跟得上時代的高速變遷？我們太不習慣自行探索，總覺得透過現有案例，找到成功的明燈，可以少走一些路。而我們的教育，甚至整體社會及產業發展，在功利主義及現實主義的催化下，給了我們一個慣常的評定邏輯：需短期可衡量，才具有價值，能達到預期目標，才是成功。長久下來，我們習於一刀切、非成即敗的思維模式，不習慣模糊、混沌及等待，害怕讓人缺乏安全感或方向感的無明。

先行者的脈絡模式無可複製

案例學習，你可以學習的是案例的決策轉折及實踐者初心，但在過程中請多一點同理。當你拉長了時間的脈絡，理解得越深，你會發現發展模式當中的艱辛及轉折，還有得到的回饋，都是獨一無二，不容複製，無可比擬。但也許你可以試著去模擬他在做決策時的選擇，感受他的使命與熱情，大無畏的奮鬥精神，與地方勢力纏鬥的智慧，還有選擇戰場的決斷，這些都是可供你學習的，而這也正是先行者或前輩存在的價值。

藉他山之石助燃信心

在地方實踐之路上，只要你更清楚知道自己的初心，熱情在哪裡，夢想在何方，以及對地方的期望，這樣一來絕對會有值得參考的案例，讓你從中進行學習，試著跟著他的部分，少走一些冤枉路。但還是別忘了，終究你不是他。如果以「地方創生」政策化的次序而言，台灣比日本晚了五年，這是個微妙的數字，讓台灣能亦步亦趨，能跟著鄰國的經驗來調整並學習。雖說他山之石可以攻錯，但我覺得是可以壯膽，可以添加一點信心，甚至辭退不夠堅定者，但最終還是要回到實踐者的本體。

學習再多的方法，參考再精彩的案例，都比不上自己找到一片深愛的土地，用行動將懷抱的初心種在那裡，這樣才能建構案例學習之外，本格實踐的意義。

創造力習作

一、二、三，深呼吸
三題三分鐘動動腦

Q1

請問你認為典範學習在這個多變的創生範疇上有其必要嗎？

Q2

聽了再多的好故事，但如果無法好好去解讀，會不會反而帶來副作用？

Q3

至今聽過認為最值得與人分享的案例為何？理由為何？

案例解讀加速學習曲線

◎在地方實踐之路上，害怕模糊、混沌、等待，缺乏安全感或方向感。

案例學習

ㄨ複製模式	✓案例的決策轉折
ㄨ找尋成功捷徑	✓實踐者的初心、使命、熱情、奮鬥
ㄨ短期可衡量價值	✓發展模式的艱辛與轉折

◎更清楚知道自己的初心、熱情與夢想的方向、對地方的期望，進而付諸行動。

……

地方創生的他山之石，
主要是可以壯膽，添加一點信心，
但最終還是要回到實踐者本體的初心與行動。

NO. 07

關係人口創造 × 「地方藝術祭」是為了創造人的連結

藝術祭　交流　連結　物件　體驗　創造力　創生戰術　地方活化　關係人口

以三年爲一輪舉辦的地方型藝術祭，可說是近年日本最火紅的創生戰術，並蔓延到台灣。地方不就是要這樣找特色，大力發展觀光？但如果你有機會聽瀨戶內國際藝術祭的執行單位分享，你聽到的答案會是：「藝術祭的目的，不是爲了拚觀光，而是希望讓藝術作爲活化的工具，創造更多交流，解決人口外移問題。」

也就是說，實質收益、就業機會等，固然重要，但更看重能否透過這樣一期一會活動的舉行，讓人們因藝術品而走進過往不會造訪之地，與地方的人事物產生更多互動，最終讓久居在地的銀髮者，能因交流的產生，找回自信、活力與元氣。

驅動地方之內外交流

「觀光」、「交流」，兩個概念背後有著莫大歧異。前者爲單向，思考的是從觀光客口袋中賺到錢的現實利益；後者期待雙向，心念在於如何創造體驗，擴大接觸點範疇，讓兩方人能自然而然交流互動，因此，不僅要同理，更要找自己。

以「交流」爲核心，以「創造力」爲驅力的「藝術祭」，固然是一道好戰術，但如何運用，執行團隊的內在思考爲何，絕對攸關著能否產生擴散性及影響力。不能否認，觀覽人數是衡量的KPI[1]，「交流」造就的化學效應也難以全然量化，但當活動集合起來所能創造的力道、背後的意識感，才是最後衡量成功與否的關鍵。

創造人與地方的連結

二〇一九年，在號稱客家文藝復興運動的「浪漫台三線藝術季」中，一群藝術家願意傾聽，貼近風土，透過他們的巧思妙手，讓上手的媒材能與一處陌生卻有點熟悉感的地景相互結合，要不違和，要共感，要魅力，更要近人。這樣的心念，讓我覺得他們是與天地人共創，如果藝術家是作品的生母，地緣風土及生活在上頭的人們，就是名副其實的養母。

在我眼裡，這場藝術季橫跨多少縣市、多少公里，集合多少人、多少作品，並非重點，當然這些都很了不起，但讓我激動的，反而是與策展人、藝術家的對話及現場的觀察，就像藝術家林舜龍所說：「在藝術季當中，藝術家們所扮演的角色如同一道窗。」我彷彿見到一場讓創意由外而內，企圖引動能量由內向外溢的地域活化行動。每件作品，都不是孤立存在的個體，背後乘載著風土人文的意義、想像、思念、體感，在透過這個介面交流之後，最終想要的不就是連結（connection）？

預約未來的關係人口

物件／作品的存在，喚醒了人們深層的經驗

1 KPI：關鍵績效指標，為一套量化指標，用來評估團隊或企業是否達到預期目標的度量標準。

記憶，而物件也宛如是一座舞台，讓人們能因而自在放鬆的各作姿態，任由情感性狀態主導，但體驗本身仍不安心，因此想留下一張張影像，或紀念物，來證明曾經的交會，背後乘載與地方之間可能的連結，然後帶著這樣的圖騰，回到日常之中，日後也就以此爲信物，串起人與物、人與地，從而追憶當下的瞬間記憶與意義，並倒數下一回的相會，爲成爲未來的關係人口預作準備。

當然我不太相信，單憑一次爲期兩個月的藝術季，就能徹底翻轉這些高齡化、少子化的傳統客庄。但是，透過這樣的行動，必將引入刺激、關注、衝突，質變從而將造就量變，進而預約未來改變的能量。如此一來，爲地方留下的，將不僅是短暫的錢潮、人潮、風潮，而是下一個二十年、三十年的疼惜、機會與希望。

創造力習作

一、二、三，深呼吸
三題三分鐘動動腦

Q1

你認為藝術祭真的是為地方創造觀光產值的萬靈丹嗎？

Q2

你是否曾經造訪過某一次地方的活動，讓你深受感動而想再去？

Q3

為什麼一個「地方藝術祭」活動可以掀起漣漪效應，你認為箇中關鍵為何？

藝術祭是為了關係建構而存在

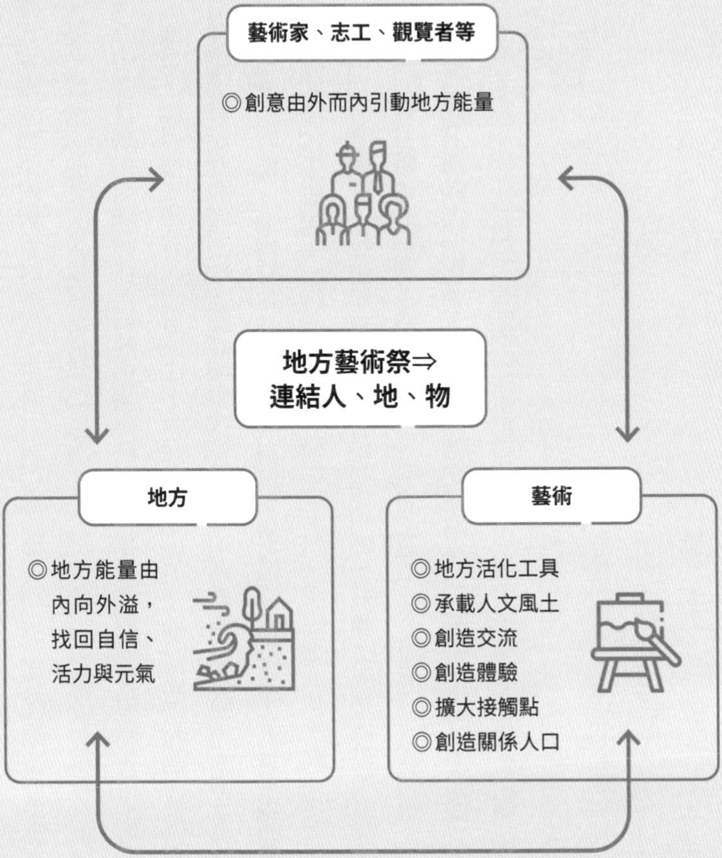

……

透過藝術祭的行動，
將為地方引入刺激、關注、衝突，
質變從而將造就量變，進而預約未來改變的能量。

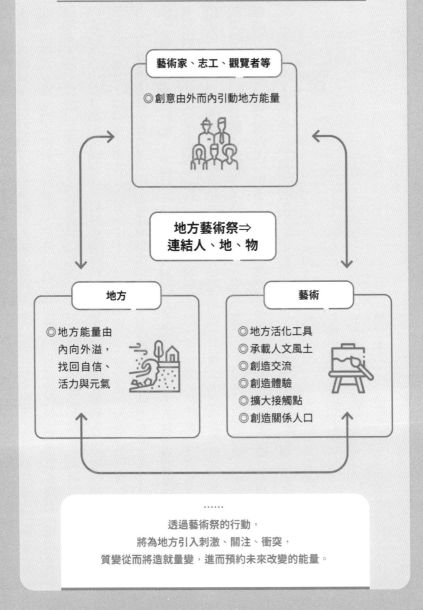

NO. 08

賦能行動創造

×

藝術祭，不再只是「藝術家的事」

藝術祭　地方活化　地方創生
利害關係人　地方風土　轉譯

透過期間限定，爲人們的造訪，創造一個理由，踏上這塊土地，心會黏在這裡，進而成爲區域文化的擁護者、地方魅力的關係人口，我想這是當代地方藝術祭背後的核心思考。日本將「藝術祭」概念運用在地域活化的脈絡，可追溯到一九九九年。因平成大合併（市町村合併）所帶來的危機感，出身日本東北地區的策展人北川富朗，決定運用其所長，在家鄉推動「藝術開創地方」計畫，成果就是著名的「越後妻有大地藝術祭」。

該藝術祭從二〇〇〇年開始，每三年舉辦一次，區域面積接近三個台北市大，範圍遍及新潟縣南部一百多個山區農業聚落。而爲求創造過程能接地氣，強化作品與地方風土的脈絡連結，更要求藝術家進駐，唯有對地區生活深刻理解共感，才能在作品中注入在地元素，造就非此地不可的特點，善用人文地形，讓在地魅力從而被擦亮並重新被看見，協助地方找回久違的地域光榮感。

藝術祭：地方復甦的戰術

藝術祭這樣的型態，不應被視爲一檔可以複製貼上的展覽或活動，而是要當成一場地方翻轉運動的前哨戰。藝術在這裡，不是被利用，而是因而創造更多層次的意義與價值。在這樣的心念下，從日本的經驗，一場具魅力的地方藝術祭，爲了能更爲精準對焦，需要花費許多時間醞釀，尤其要把藝術祭的概念、地方活化的核心思維，向重要利害關係人進行交流，爭取認同，像是當年在越後妻有大地藝術祭籌劃過程中，就召開超過三千場的溝通會。

凝聚利害關係人投入行動

如果決心要讓「藝術祭」成爲一地的造訪理由，自然就不該只是藝術家的事，尤其當以活化爲前提，如何創造更多連結，擾動漣漪效應，讓在地人更爲理解這樣的活動背後所乘載的意義，讓利害關係人覺得需要投入參與，就更顯重要。

記得二〇一八年於台東舉行的藝術祭「南方以南——南迴藝術計畫」，在活動前一年，當地就開始了「南迴創生」專案，針對利害關係人展開有層次的堆疊打底。例如，由日本studio-L所主導的南迴社區設計行動，由山崎亮團隊帶領工作坊，參與的成員大多來自於南迴公路四鄉，有青年、有壯年也有長老，經由幾個階段，長達數天的討論共識，希望引導大家思考幾項課題：「你期待的美好生活是什麼？」，「地方有什麼迷人的魅力？」，還有「該如何呈現地方的內涵」等。之後也曾以退休的公教人員、地方鄉鎮公所的相關人員，做爲培力的對象，一樣透過工作坊形式，期望能把藝術祭的概念、地方活化的思維，透過橫向紮根的模式，向重要利害關係人進行擴散，讓藝術祭真正能被認知，成爲眾人之事。

擦亮地方魅力，重建自信

這些行動，只能算踏出一小步，結果不可能速效。而重點不是急於產出些什麼，而是輔以外人之眼，回過頭內省，期盼協助思維轉換，作爲未來創造的基石。

人群的聚集，需要一個理由，「藝術祭」便是其中一項解法，作爲地方復甦的戰術而存在，讓藝術爲社會而服務，讓文化底蘊透過轉譯後的產出更爲深刻。當地方能被好好對待，被清晰看見，當利害關係人能有足夠的共識，願意投入，人與土地才有機會找回自信，社會才能找到另一永續的可能，從創造中找尋新生。

創造力習作

一、二、三，深呼吸
三題三分鐘動動腦

Q1

地方藝術祭具有那一項美術館所無法傳遞的魅力？

Q2

如何能有效透過「藝術祭」來結合多方利害關係人？

Q3

期待可以透過地方藝術祭吸引誰？創造什麼樣的效果？

藝術祭是地方活化的發動機

對內

◎以地方活化為前提
◎輔以外人之眼協助轉換思維
◎取得地方利害關係人理解及投入
◎擾動漣漪效應
◎協助人與土地找回自信
◎建立未來創造基石

地方藝術祭
⬇
地方復甦的戰術

對外

◎將地方文化底蘊轉譯後產出
◎讓地方被看見
◎期間限定
◎為人們造訪地方創造理由
◎吸引人們成為地方關係人口
◎創造更多連結

……

地方藝術祭不應被當成一檔活動，
而應視為地方翻轉運動的前哨戰，
需要利害關係人有足夠的共識，願意投入。

NO. 09

本質覺察創造

×

地方只「缺行銷」，絕對是個假議題

設計思考　人本設計　問題意識　行銷　推銷　地方創生　品牌　脈絡

「各位老師先進，本鎮有相當好的資源，有勤奮的老人，有好多厲害物產，只是不會行銷而已。」

「期待今天來的各位學者，能幫助我們行銷，讓我們東西賣出去。」

「我們的產品其實一等一，只是我們知名度比較差，老人不會用網路，所以請來幫我們行銷出去，就好了。」

「我們這裡資源豐富，潛力無窮，只是缺乏行銷，沒有青年創意，所以沒商機。」

行銷：地方問題意識大陷阱

身爲長期擔任地方實踐審查訪視的專業顧問，在聆聽地域實踐者及公所夥伴的提案報告時，最常聽到的一句就是「我們只缺行銷」。爲什麼台灣的地方，無論靠山的部落、海邊的漁村，大家看到外援，要喊救兵，都是唯一指名：請好好幫幫我們行銷？

當然我知道，大家口中的行銷，其實是行銷學中的推銷（promotion）。在大多數地方鄉親的自信裡，我們一切都好，只是沒有好的管道，把東西賣出去、推銷出去、曝光出去，沒有被看見而已。但眞的是這樣嗎？問題眞的那麼容易嗎？老實說我個人是無比的懷疑。

回歸本質性問題找解方

去到地方現場，在未能全盤掌握脈絡之前，我多半傾向多聆聽、多推敲、多思考，而不多開口，不進行若干自以爲是的指導，因爲，做爲一位顧問專家，可能因爲你的一句話，造成對方盡信，而帶來很大的副作用，不得不愼重。相對的，如果顧問都只聽信地方怎麼說，那還需要顧問嗎？

如果只是從當事者的口中聽到缺行銷，就開始著手幫他媒合通路，做產品包裝，或者上電商，那就大錯就錯了。應該是回到本質來思考，或透過提問，來試圖釐清，問題眞的如他們所陳述，還是其實在他們心中，「行銷」兩字，就猶如是產品困境的一個替死鬼？

因此，如果嘗試追根究底，結果有可能是產品本質問題，更有可能是顧客定位不清，因爲大多數的製造者思維，是把產品創造出來，才在想模糊的顧客或市場，而不是我所信仰的人本設計，是從人、生活型態、所需價值，甚至待完成工作來進行定位。在對於目標使用者未有具體想法之前，就要貿然行銷、行銷，不是很危險的事情嗎？

運用設計思考：了解—問題—解決

相對於典型的商業思考，我所信仰的設計思考，硬是要加上一段「逆向思考」的過程，從原本的「問題－解決」模式，拉長脈絡成爲「了解－問題－解決」，也就是要眞正掌握問題，深入脈絡，才能藥到病除，而不是只除掉表層的問題。尤其身爲一位顧問，不應該單純只聽對方所說的話，就人云亦云的給予戰術協助，而是更要時時抱持著問題意識，從脈絡中解構，找出問題，從策略下手，協助處理。

地方夥伴嘴裡說的行銷，通常一點都不行銷！你的品牌精神爲何？你的產品風格爲何？你的魅力爲何？通通沒有，就開口閉口行銷行銷……。作爲一位本職學能是人本設計、體驗創新、行銷策略，並致力於協助地域振興之專業者，我一點都不相信，地方單純只存在「行銷」的問題，如果眞的是，創生就不是創生了。

創造力習作

一、二、三，深呼吸
三題三分鐘動動腦

Q1

請問你認為地方人士口中的「行銷」兩字，可替換為什麼詞？

Q2

如果東西真的夠好，夠有魅力，在這個網路時代，真的會沒人知道嗎？

Q3

你認為透過怎麼樣的方式，才能讓地方人士意識到問題不是在行銷上？

「缺行銷？」何不回到本質思考？

人本設計思維

↓

◎從人、生活型態、所需價值、待完成工作來定位

↓

目標使用者

↓

創造產品

↓

◎解決問題，展現價值！

製造者思維

↓

創造產品

↓

思考顧客或市場

◎品牌精神？
◎產品魅力？
◎顧客定位？

↓

◎產品陷入困境！

……

設計思考是「了解－問題－解決」的過程，
抱持問題意識，從脈絡中解構，
釐清真正問題，再從策略下手，處理問題。

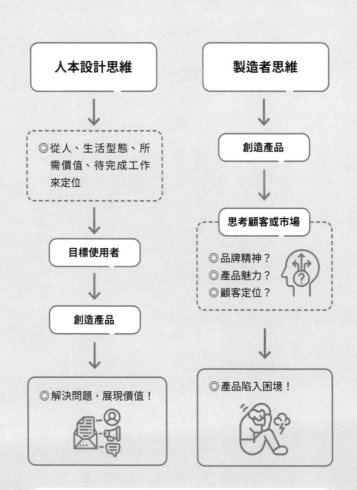

NO. 10

角色定位創造 × 「大學社會責任」，是陪伴地方，還是攪和？

USR　大學社會責任　大學

社會實踐　地方創生　地方振興

台灣借鏡美、日經驗，自二〇一八年起積極推動「大學社會責任（簡稱USR）實踐計畫」，以「在地連結」與「人才培育」爲核心，聚焦於提升大學的社會參與，期待引導大學教授們能帶著自己的專業走出校園，由師生共組跨領域團隊，陪伴地方並協助解決各式問題。

幾年下來已吸引一百一十六所大學、超過兩百件計畫的投入，有些大學更配合設置課程及學程等，看似立意良好，但大學與社區就此交融一體的構想，是否能眞的創造共利共益關係？以下三個觀察點，希望能提供在現實中執行的思索方向。

1 —「博士」就能對地方有貢獻嗎？

大學到底認爲可以對地方積極創造什麼貢獻？有那麼多博士，那麼多的所謂專業者，到底該如何協助在地，創新價值？

如果是非理工技術領域，通常你去問，得到的答案多半是協助「行銷」。所以就會看到一群人想要幫在地賣東西，無論是透過情緒勒索方式，還是架設網站等，永遠只是一種救急不救窮的解法，但這眞的是大學該做的事情嗎？還是人家只是缺臨時工？老師及團隊有沒有能耐協助地方找到根本問題？如果不確定，那最後會不會流於到底是誰要幫誰解決問題的尷尬？

2｜你真的懂什麼叫「田野」嗎？

談到地方交往，「田野調查」是實施的第一步。自己曾多次應邀前往全台多所大學進行設計方法及思維的教學，藉以訓練執行USR相關計畫的大學老師，前後也達百人次，在教學過程中，我頗能理解這群老師的無奈。

確實，只要有念過博士，或多或少都學習過社會科學方法論，但田野是一門很實戰的知識，尤其許多能力是磨練出來的，還需要個人特質輔助。所以要求一位日常都在大學殿堂紙上談兵的人，眞正帶兵下場作戰，可能不是那麼簡單。

學校在業績導向驅動下取得USR，而一群年約三十五至四十五歲之間的年輕助理教授們，因無法推辭扛下計畫，他們在論文壓力、行政當責外，還要投入一個陌生的實踐行動，不論有沒有熱情、有沒有能力，也不去管田野倫理、信任感建立、專業能力，還有學生堪不堪用等變因。

這種種構面都牽涉到這個社會實踐是否眞的可行，會不會到後來沒有解決問題，反倒製造了一堆問題？甚至落到把學校的信譽都消耗殆盡的局面？

3｜KPI導向的計畫「出路」何在？

處於台灣KPI導向的環境下，要求「能否給予計畫多一點的耐心？」似乎相當困難，但如果這一點無法改變，找來再厲害的師資下海，組織再優質的團隊組合，恐怕都難以創造出精實的綜效，況且地方性又加深了計畫執行上的多變及困難度。

最重要的是，再好的計畫光有好的規劃及策略並不夠，能否眞切的執行落實才是關鍵。老實說，想要找到一定比例對於地方實踐懷抱熱情、當責感的大學生來投入，並不容易，畢竟學生也正處於知識經驗增長的過程當中。然而地方的發展絕非兒戲，縱使地方勇於嘗試，但團隊眞的能同理這種狀態，投入百分之百的專注力，施展最佳的實踐模式嗎？

有志於協助地方的大學，都應該要清楚理解到，地方振興是一場長期的抗戰，沒有決心，純粹想要業績或出風頭，最後絕對會因悖離地方而遭致地方的埋怨或輕視，導致信任破裂，縱使是「大學」也一樣。

創造力習作

一、二、三，深呼吸
三題三分鐘動動腦

Q1

你知道為什麼大學USR常做的事情是幫地方農民「賣東西」？

Q2

你認為大學能對於在地有何更積極性的做法及貢獻？

Q3

如果老師很忙，助理很雷，學生很菜，與地方又常雞同鴨講，那該如何是好？

大學在地方實踐「社會責任」的關鍵

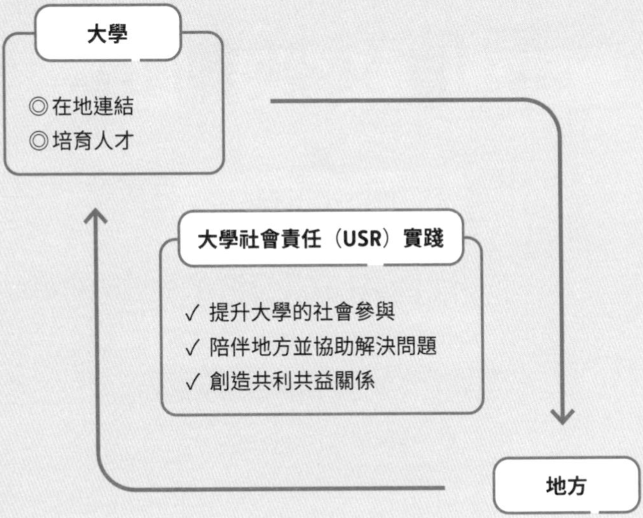

師生團隊困難點

◎可能無法協助地方找到根本問題
◎田野調查實戰能力不足
◎面對短期績效評估導向
◎地方性眉角增加執行難度
◎學生流動難以專注投入

……

地方振興是一場長期抗戰，
大學若沒有決心或純粹要業績，
必會因悖離地方而遭地方的埋怨或輕視，導致信任破裂。

NO. 11

價值交換創造 × 大學「在地連結」有何用武之地？

USR　大學社會責任　地方活化
社會創新　社會實踐

回首過去，以培養高階知識分子爲己任的大學，鮮少或說是沒有必要與地方產生連結，通常就是透過制式化的教育體制，教授一系列具完整知識系統的學問。除了部分人社或自然科學背景，基於研究所需，有必要投入實際田野，否則在「敦親睦鄰」之外，大學與所處的社區地方相敬如賓也是合理的事。

而近年來，隨著社會創新的浪潮湧起，許多大學開始勇敢走出校園，積極投入過往陌生的社會實踐行動。撇開教育部所推動的「大學社會責任（USR）實踐計畫」不談，背後是眞的存在理想追求，期待與地方創造出新的價值交換？或者更多是基於現實生存下所展開的做法？

地方對大學的田野參與存疑

「噢，那個成立幾十年的大學，終於願意來理解我們，並跟我們對話？希望這次不是跟以前一樣都是爲了交作業才來，我被弄怕了，實在很害怕又是一群沾醬油的。」這或許是近年來，我最常從地方實踐者口中聽到的心聲。

地方沒有人不期待大學，畢竟學院所具有的專業形象，總能讓人們充滿期待，但根據過往的經驗，在地團隊常在合作過後心生畏懼，懷疑大學是不是眞的有心也有能力來共同解決問題。眞要說「實際上連結」，要不就是一群學生三不五時說要辦活動要贊助，要不就是帶長官來蹭蹭地方，或者學校要透過EMBA招生來找金主的時候會想到在地企業主，如此而已，至於其他，眞的是存在一道難以跨越的鴻溝。

大學投入社區存在現實窘境

至於大學，要這些博士博捲起袖子，放下身段好好跟在地搏感情，談何容易。地方有「創殤」心聲，但屈於現實、不得不咬牙承擔的教授，也有滿腹的暗黑內心話：

「開玩笑，我花那麼多時間拿到博士，進到大學，除了學校要追殺我PAPER、有升等地獄要面對，其他時間我就想要好好爲人師一下，影響幾個學生，還有做我自己喜歡的研究主題，最好是可以投個國際研討會，出國去見見世面。你要我帶學生去社區攪和？那是產業嗎？不早就夕陽化了？這可以寫PAPER嗎？大學老師的責任是教好學生跟做研究，那些社區鄰里的事情，不如交給服務學習就好，關我什麼事？不能因爲我比較菜，就把這種事情丟給我。難道你不知道，我不只有論文壓力，還有行政的服務債要承擔嗎？」

立意良好的「大學社會責任」實踐，是不是眞的令人全然悲觀，我想未必，反倒可以透過這樣的方式，對地方有多一點深層的陪伴，可以更深入在地同理，並投入問題挖掘的工作。

釐清有限能量下的實踐分工

如果大學團隊可以投入基礎的調查及資料建置，補足台灣在推動地方創生過程中最欠缺的「基礎數據」，將有助於往後不同專案的進行可以不用再「憑感覺」，而是有區域的實證資料作爲憑據，並能充實國發會所建置的地方創生資料庫（TESAS）系統，扮演地方團隊未來在執行計畫的千里眼及順風耳。

學生會畢業，老師有其自身的壓力，大學想要幫地方解決問題可能沒那麼容易，尤其牽涉到地方問題有可持續性的因素需要考量。因此，建議學校在投入USR時，最好建立一道「防火牆」，明確釐清什麼事情由學校來做，什麼事情交由外面專業團隊來做，讓地方夥伴有清楚的認知，學校也更能在現有能量與現實框架下發揮到極致，避免造成錯誤期待。

創造力習作

一、二、三，深呼吸
三題三分鐘動動腦

Q1

為什麼過往與在地沒什麼關係的大學，開始積極想進入社區？

Q2

如何讓沒有田野調查專業的大學師長們，也能對在地有卓越貢獻？

Q3

地方大學與相關的區域之間，該如何創造一個共生共榮的夥伴關係？

大學「在地連結」可行方向

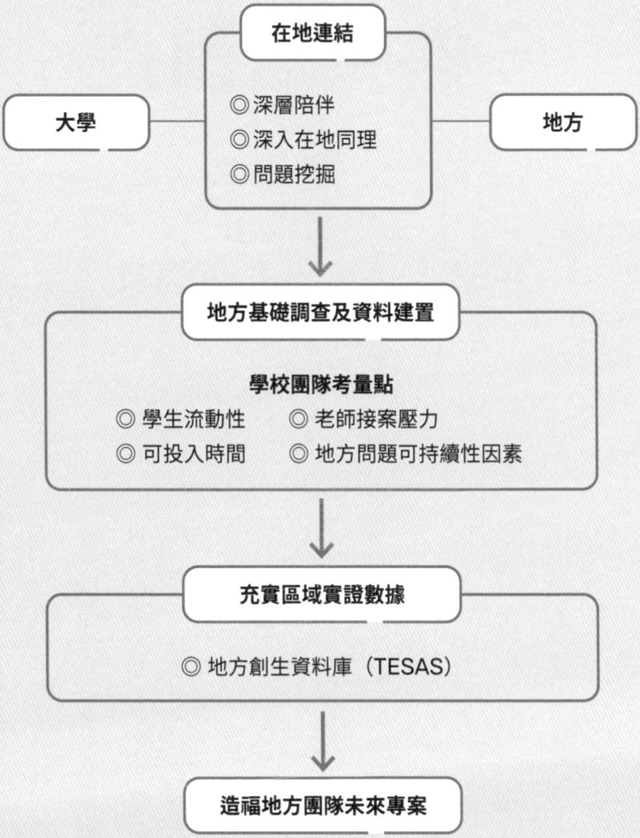

……

大學在投入 USR 時，
最好明確劃分與外面專業團隊各自的工作內容，
讓地方夥伴有清楚認知，避免造成錯誤期待。

NO. 12

多樣生活創造 × 「二地居住」，正常人也可以有兩個家

二地居住　返鄉　移居　流動創生

所謂的「二地居住」，其實從過去的年代早已開始。許多居住在都市裡的富裕層，甚至是中產階級，在經濟有所餘裕，年紀有所增長，或者嚮往田園生活，或者希望給小孩一個不一樣童年，起而在鄰近地區鄉間，購買二居地，從此就有更多的理由過著週一五城市，週六日某度假地的兩地生活樣態。

這樣的模式看似合理，也有不少前例，但運作下來，多半隨著人的天然惰性，產生效應遞減。最終，嚮往的二地居，反而成為一種負擔，而開始自我懷疑：想要度假，想要找個調適的轉換，為什麼需要養一棟新的居住地？而我想其中關鍵，在於起心動念的心態及目的，如同「要喝牛奶真的需要養一隻牛？」的譬喻。而這樣的二地居，成為一種有理念但無實踐力的玩意，無法真正變成可行的生活模式，終將淪為時代的歷史記憶。

妥協於工作或親族義務的二地居

另外一種的二地居，就是我們所熟知的「單身赴任」。在過去台鐵緩慢且沒有高鐵的時代，必須前往外地工作的人，被迫採取現地居住的模式，這算是一種出自於不得不之下的妥協，因此居住兩地成爲一種必然，但眞的能把兩地都當成地盤嗎？其實有點困難，尤其在歸心似箭，且未建立在地認同之前，懷抱旅居的心態，讓這樣型態的二地居，成爲一種折衷存在，多伴隨著任務結束，就會與該地劃上句點。當然這樣的模式，隨著交通更加發達，幅員不大的台灣，多處地方一日可及，所以二地居風氣逐漸消逝，也算是一種時空環境下的無奈情況。當然還有一種二地居住，是出自於血緣親族的牽掛，爲了家人，必須要兩地跑，善盡義務，純粹是種功能性上補足的必然。

二地居住：未來生活新趨勢

而近年來，隨著社會環境及生活型態改變，「流動」的門檻降低，還有一種二地居住正在我們的生活中發生。一位知名的攝影師，因爲家庭因素，需要返鄉，因此他開始過著兩地的生活，一半時間在台北接案，一半時間返鄉照顧家人，順便與故鄉的青年串聯，對他而言，這樣的模式，不僅讓他感到平衡，也可思考未來的發展機會，故鄉不再如同過去一樣不堪，城市也不見得完全美好，往返兩者之間正可探索新的可能。一位即將退休的資深工程師，進入中年之後，開始對於故鄉產生依戀，但無法放下城市中的生活，所以轉身成爲假日的創生一族，用他可以的方式來投入故鄉的活化行動，而這，會不會是一種未來的流動創生？

排解返鄉定居的不確定性

當「地方創生」被視爲一帖解救地方遭受高齡化、少子化襲擊的解藥，關鍵的問題解決，就是期待人口可有效從城市回流地方，讓青壯人口扮演承先啟後的角色，透過返鄉安居建立新天地，從而補足地方因衰退所日益欠缺的勞動力。但地方眞的有機會嗎？回去眞的能生存下來嗎？眞的需要放棄都市的工作，一生懸命地放棄一切返鄉嗎？這其中的不確定性，該如何排解，也許就從二地居住開始。

當你猶豫著要不要放下一切、走向返鄉之路時，或許可以先嘗試在兩地生活，享有兩種不同的生活方式，不僅找到平衡，也能更有氣力的全力以赴。這樣的選擇，讓返鄉不再成爲一種障礙，而是一種可行的浪漫，並隨時得以轉換。

創造力習作

一、二、三，深呼吸
三題三分鐘動動腦

Q1

你是否曾經有過想到地方工作但迫於現實而作罷的念頭？為什麼不可以？

Q2

如果可以在兩地工作兩地生活，你的兩地會是在哪兩地？

Q3

你認為具備有什麼樣的專長或職業可以如此展開二地居的生活？

「二地居住」激發城鄉間的流動創生

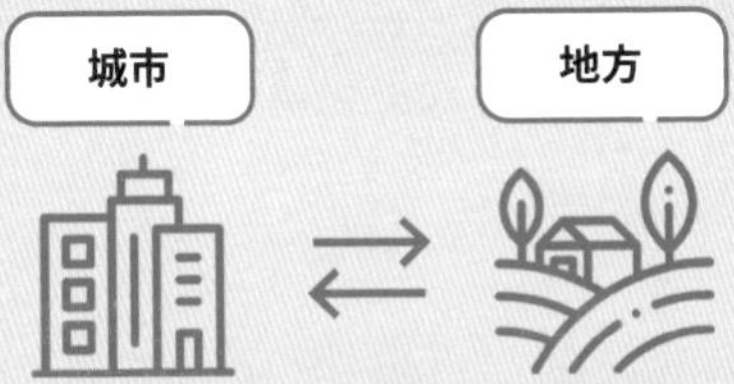

◎無法返鄉移居沒關係，可以二地居住！

二地居住優點

- ✓ 以流動取代移居
- ✓ 不用放棄現有生活方式
- ✓ 可享有另一種生活型態
- ✓ 有助於找到平衡
- ✓ 能與在地連結
- ✓ 從中探索未來的選擇可能

……

如果不確定返鄉移居的可行性，
不妨嘗試二地居住，享有兩地不同的生活方式，
從中找到平衡，實踐流動創生。

NO. 13

在地支持系統創造

×

如何讓「回鄉的你」，能關關難過、關關過！

青年返鄉　留鄉

業師陪伴　支持系統

「青年返鄉」這個概念，近幾年在輿論間蔚爲風尚，尤其在許多政府計畫的推波助燃之下，年輕人如果想力求獨當一面，或對於文化、藝術、農業或社會有所熱情與執著，就會走這一條非典型的路線。

如果返鄉不是爲了接班，不是在城市混不下去，而是在可選擇之下，前往一處期待能有所改變並得以實踐自我的地域，當這樣的年輕人興沖沖來到地方，有不少人都是在懷疑、困惑的地方眼光下，度過第一個半年，必須靠著時間、熱誠與毅力，才慢慢能從地方的他者，變成得以被村民認同的自己人。

自己過去幾年在全台各地方現場走訪陪伴，對於青年返鄉所面臨困境得出一些觀察，每回分享，台下青年總是頻頻點頭贊同，「老師，就像你說的這樣子啦！一點都沒錯。」這些困境大致歸納爲以下十六項。

初期課題：

1. 如何融入地方，建立在地人脈圈。
2. 想返鄉卻不知可做、可爭取什麼。
3. 找不到可一同成長的同路夥伴。
4. 面對決策不知找誰諮詢。
5. 機會抉擇，理想及現實間徘徊。
6. 如何不在意外界及親友眼光。
7. 經濟拮据，更感專業力不足。
8. 投入後才發現認知差距。

中後期課題：

9. 下一步是什麼？
10. 紀律及自制力不足。
11. 地方勢力干擾。
12. 競合關係間抉擇。
13. 組織擴張速度。
14. 難尋適合的將才。
15. 世代接班問題。
16. 人生是否就這一條路？

無論是三年內的初期投入者，或者三年以上、十年未滿的成熟實踐者，都會面臨不同程度及面向的困境，而該如何解決，甚至提前預應，能不能找出核心方法，始終是實務上未解的難題。

「業師陪伴」是一個幫得上忙的制度。一位有經驗、熱情、智慧及方法的業師或顧問，確實可以從另一個視角，帶給業生一些前進之路上不錯的引導，尤其遭逢撞牆期，有他人點破一下，總比自己瞎摸索來的好。但是，當時間、空間資源成為限制條件，這樣的制度終究有局限，只能協助到極少數可能有爭取到政府資源的個人或團隊。如果想更普遍的協助返鄉青年，在實踐之路上能更加安心、有力，建構「支持系統」或許是一個方向，從人際互動、有形物的提供、無形氛圍感受等三個構面提供支持。

第一類：人（互動）：有沒有可能聚集多一點理念相近的夥伴，可以互相是對方的導師，能陪伴一起哭笑分享，能一同執行作戰，互通有無。能否在返鄉後找到這樣一群人，將會是可否久留、創造同儕整合力的關鍵。

第二類：物（有形）：地方能否有好的生活支援，例如提供有特色的教育、快速的寬頻、令人安心的醫療、可預期的交通方案、好的育兒、養老及學習資源場所等，都會成爲「留鄉」的重要決策衡量點。

第三類：境（無形）：年輕人毅然離開城市，奔向地方懷抱，必然有許多理由，不管是因爲自然風土魅力、文化的多樣性、濃濃故鄉愛、有想念的人，或者說不出的緣分等，這些看似抽象但有感的因素，也扮演著前進之路的臨門一腳。

以上這三項共同聚合所構建出的內容條件，將能成爲支援或強化人們願意返鄉或留鄉的關鍵支持系統，而其中有一大塊的資源及責任，則來自於公部門是否願意用心讓地方的基礎系統（infrastructure）能猛力前進並迎頭趕上，讓地方真正成爲一處軟硬兼具的宜居之村。

創造力習作

一、二、三，深呼吸
三題三分鐘動動腦

—— Q1 ——

是否曾經在返鄉之路上，遭逢其中的多項挑戰？

—— Q2 ——

如果是要前往一處人生地不熟之地，你認為你最迫切需要怎麼樣的協助？

—— Q3 ——

怎麼樣的支持系統，會讓你感到安心、放心，並感到無比窩心？

青年返鄉的困境與因應

青年返鄉常見的 16 項困境

初期投入者（3 年內）

1. 如何融入地方，建立在地人脈圈。
2. 想返鄉卻不知可做、可爭取什麼。
3. 找不到可一同成長的同路夥伴。
4. 面對決策不知找誰諮詢。
5. 機會抉擇，理想及現實間徘徊。
6. 如何不在意外界及親友眼光。
7. 經濟拮据，更感專業力不足。
8. 投入後才發現認知差距。

中後期實踐者（3～10 年）

9. 下一步是什麼？
10. 紀律及自制力不足。
11. 地方勢力干擾。
12. 競合關係間抉擇。
13. 組織擴張速度。
14. 難尋適合的將才。
15. 世代接班問題。
16. 人生是否就這一條路？

建構支持系統 ＋ **業師陪伴**

↓

人
✓ 找到理念相近的夥伴
✓ 創造同儕互動與整合力

物
✓ 公部門做好地方基礎系統
✓ 地方提供好的生活支援

境
✓ 無形的情感因素
✓ 地方自然風土與氛圍

……

從人際互動、有形物提供、
無形感受等三個面向，建構支持系統，
可望協助返鄉青年的實踐之路更安心、有力。

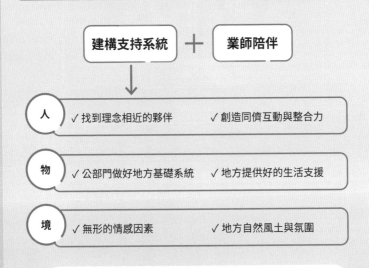

NO. 14

愛鄉聯盟創造 × 陪伴，還是「草根性」的組織最給力

青年會　服務　互助　地方參與　支持系統

青年返鄉常發於一個契機，成於一股熱情，但重點還是在於想做什麼、是否可以做什麼，如此才能留下來，眞正落地做點什麼。有太多的例子是，採取行動回來了，但在過程中，找不到自己的立足定位，在議題、場域、自我之間不斷徘徊，而因爲過往的生活圈及友伴都不在身邊，頓時感到孤立無援，這份孤獨感是返鄉者時常會面臨到的困境及挑戰。此時，格外需要專業之外的情感支持與同儕陪伴，當你需要有人討論，想透透氣，甚至想要精進生活紋理及文化脈絡，想與人分享，如果能有一個小而美、緊密而溫暖的「支持系統」，將會是這樣潛在需求的一項解法，而「人」必然是箇中關鍵。

草根性青年會：服務地方的互助基地

從近年在台灣及日本的地方現場觀察，成立「青年會組織」是一個可行的方向。台灣關於

社造、地產或產業型態的組織或協會，在地方早已如雨後春筍地展開，但這些類型的組織，向來很難讓年輕後進者很自在的加入或參與運作。因此，如果可以成立一個以青年爲主軸的組織，以「故鄉愛，地方情」作爲大家的公約數，讓返鄉或留鄉的青年們都能有意願加入，而組織的運作將投入參與者所關注的議題，並聚焦在當地文化上，透過共同參與地方公共型事務，例如地方文化活動、民俗祭典等，來建立與地方之間的情感，取得認同。

而且這類型的組織，還可發揮成員互助的情誼。當彼此之間返鄉的經驗都能成爲彼此的養分，當彼此所遭遇的困境都能成爲彼此的借鏡，當彼此擅長的領域都能爲彼此開一扇窗，加總起來就是一個更完全的支援基地。

護鄉愛鄉，不為利益而聚合

其實台灣也有類似的單位，如國際青年商會（Junior Chamber International），雖然每年也投入相當的人力物力及財力在公共事務參與，尤其是青年相關議題上，但商會的本質讓團體裡頭總是沒有那麼單純，而我們完全能理解「有人的地方就有江湖」的道理。當然在這樣以青年爲主體的地方團體，愛鄉愛土是標準基本款，除之之外爲了榮譽與互助而相互連結，而非因金錢或利益才聚合，如此的關係，更爲純粹。

例如，每年十月於日本滋賀縣彥根市舉辦的吉祥物高峰會，聚集了來自全日本的數十萬民吉祥物粉絲，在這樣場合中，彥根地方青年會組織扮演十分吃重的角色，不僅要維持秩序，並要扮演整天最重要之遊街活動的主角。而組織的目標宗旨並不是「學習」、「人脈」、「賺錢」，而是「修練」、「奉仕」（即服務）、「友情」，背後隱含的精神，就是如何透過服務來修練自我，透過服務鄉里來創造價值，也因爲這樣的信念，讓地方年輕人願意齊聚一堂。一年一度舉辦於新潟縣的燕三条工場祭典，整個幕前與幕後，也都有地方青年會成員參與其中。

彼此扶持，為地方創造價值

近年在台灣也有幾個類似案例，包含由官方協助成立之「桃園市客家青年會」，匯集桃園地方青年，成爲桃園翻轉、地方活絡的新勢力。離島馬祖，二〇一七年在一群愛鄉青年號召之下，成立「馬祖青年發展協會」，聚集了本地、返鄉、外地移居青年，訂定實踐目標，定期聚會，凝聚群體向心力，並透過共學實踐來翻轉地方。

這種草根而起的聚合模式，將帶給返鄉青年多一分慰藉，多一層信心，並且形成一個具有能量的青年地方團隊，能在地方有需求時發揮戰力，同時能透過這些地方活動，團結眾人，培養高度向心力，讓人共同以此爲榮，成爲彼此之間的重要支撐。而這樣爲了地方一起努力的感情，也將形成強大的凝聚力，讓地方成爲大家的最大公約數，人生的實踐場。

創造力習作

一、二、三，深呼吸
三題三分鐘動動腦

Q1

如何能夠感召地方的青年，團結一致一起為地方來奉獻？

Q2

如何能從意識問題出發，展開在地為題的行動方案？

Q3

當組織一個這樣的青年會組織，如何能連結內外的青年一起來做事？

建構青年返鄉的支持系統

地方青年會組織

對內

- ✓ 以青年為主體的地方團體
- ✓ 以愛鄉愛土為出發點
- ✓ 為了榮譽與互助而連結
- ✓ 非因金錢或利益而聚合
- ✓ 分享經驗與困境的支援基地

對外

- ✓ 投入參與者所關注的地方議題
- ✓ 參與地方公共型文化事務，與地方建立情感
- ✓ 透過服務鄉里來創造價值，取得地方認同

……

自發性聚合的地方青年團體，
能在地方有需求時發揮戰力，凝聚內部向心力，
並成為彼此之間的重要支撐。

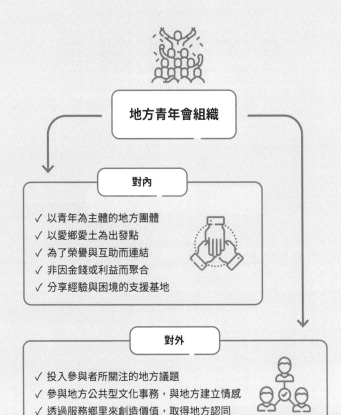

NO. 15

多工多能創造

✕

許一個地方期待著的「未來人才」

城鄉人才　地方創生　流動創生
返鄉　移居　二地居住

我們常聽到說地方創生團隊找不到人，沒長出商業模式，都靠補助金在撐，但如果深入去探究理解，會發現背後有許多如果不是長期陪伴觀察就無法意識到的癥結，其中最關鍵應該是在「人才」這一件事情上。

講到地方創生的實踐者，大家也許常說，不就讓人想到那幾個有稜有角、有願景、有初心，落點在各一地方的地創明星？那明星背後呢？大家是不是就忘了團隊成員？這是極爲關鍵的問題，也是當眾人詬病爲什麼團隊都找不到人、無法對接市場、承擔更大責任時的盲點。

地方人才供需落差嚴重

根據我自己的長期觀察及介入協助，意識到人才這個問題最常發生在成長期中的團隊，也就是五年上下、三年左右的地方創生團隊。離開台北，地方團隊想要找到有潛力、高素質、多創意、耐心蹲下的年輕夥伴，可說是無比無比無比的艱難，而且不談是不是即戰力。老實說，地方團隊並不是支付不出該有的報酬，但通常人來了，一下就快閃，問題不外乎是認知落差、專業框架、地方想像等等問題。

關於這部分，我完全能理解，但還是感到很納悶，因爲長期在協助相關的政府計畫審查陪伴，總覺得這幾年有成百上千的青年，都渴望到地方去進行實踐，而這群人到哪裡去了？嘗試問地方團隊，有碰到這群在學期間就努力打比賽的孩子嗎？得到的答案是鮮少。看來在地方人才的供需之間，還眞是出現了頗大的落差，需要人才的找不到，需要實踐場的不知道往哪裡去。

透過流動，靈活運用城市人才

這樣情況的如果持續惡化，將不利創生的長期發展。是否該搭建一個虛實合一的平台，還是透過怎樣的模式來改善，我想是未來一到三年需要思索的路。初步的想法是，短期內，如何借用首都充沛能量來提供協助，讓人與事能對應；中長期部分，應強化關係人口的建立，並開始協助地方團隊鬆綁工作的模式，透過流動創生，讓城鄉人才能靈活運用，或更進一步打造二地居住的可能。

現在就有一群年輕人，逆向的選擇在假日，從城市流動到地方，扮演地方重要的支援系統，用自己的創意與停滯不前的地方進行碰撞，個人可以施展手腳，反過來也爲地方解決了人手不足、缺乏具創造力人才的燃眉之急。

創生人才：視角由外而內，多工多能

地方創生需要的人才，大概有兩種特質最明顯。首先是「外來的在地人」，或是一位孺慕進鄉者，與地方之間保有一種若即若離的關係，這樣

的距離會讓他更具有彈性，不會被包袱所制約，也更能站在一個不一樣的視角彈性展開實踐。

地方不缺可以動手的追隨者，但往往因爲長期生活在地方，缺乏由外而內（outside-in）的視角，在想像力上較爲僵固，因此，需要在地歸來或外地落地的人引入創新的活化，而這個現象，隨著交通便捷帶動流動性，已經在台灣出現。

其次，實踐者應具備多工多能，這也是服務地方必需的能力，因爲地方人才不足，通常要身兼數職，所以無論是這幾年流行的說法「斜槓」，還是早一點的「T型人」，擁有多重專業，比較能符合在地實踐的屬性。

當返鄉工作之路不再那麼艱難，當這個人才的缺口能慢慢被弭平，地方創生團隊才不至於沒有子彈，而有一天被迫要休兵，創生的未來也才能大步跨向前行。

創造力習作

一、二、三，深呼吸
三題三分鐘動動腦

Q1

你認為地方需要的人才，應具備什麼樣的特質、專業、個性？

Q2

你認為地方團隊找不到人才的關鍵問題為何？

Q3

如果有個地方人才供需媒合平台，你認為運作機制會是如何？

「人才」是地域活化的關鍵

地方創生人才

人才問題

◎在地人才不足，視角較僵固
◎找到條件符合者困難
◎任職後無法久待

人才特質

◎外來的在地人／孺慕進鄉者
◎多工多能，擁有多重專業

人才來源——短期因應

◎借用首都人才能量協助
◎搭建虛實合一人才媒合平台

人才來源——中長期因應

◎強化關係人口的建立
◎透過流動創生，靈活運用城鄉人才
◎打造二地居住的可能

……

地方人才的供需，出現頗大落差，
需要人才的找不到，需要實踐場的不知道往哪裡去，
亟需共同思索解決之道。

NO. 16

城鄉連結創造 × 因為「流動」，打開對地方的想像

流動創生　地方創生　返鄉　移居　關係人口
二地居住　交流　移動　連結

地方學、學地方，早已是一門顯學，土地有著獨到的魅力，不再是又老又遠又窮又沒什麼，而是能讓人感受到質樸、眞實及自然背後的價值。不僅如此，人的價值觀也在蛻變，當擴大、增長、便利、核心、進步等過去如普世般的信仰被打破，人們逐漸願意承擔抉擇風險，從城市起義，把自己或帶上全家，一齊「種回」地方。

而「青年返鄉」或「移居」浪潮，連帶牽動了一波地方再造運動，當年輕人帶著熱情、想像力、新觀念與技術回流地方，衝擊之外，也讓地方頓時引入多道活水，轉動起一座座停歇多年的古老水車，反過來看，青年也找到戰場，得以安身立命。

這樣看似完美的交換關係，背後仍存在著危機。首先，當人回流久了，可能會因終日埋首工作，很快就回到停滯的固化局面，需要透過不同機制來刺激新陳代謝；再者，城鄉間的落差，即

使能有足夠的吸引力引人移居，但地方衰退、人口凋零的速度，讓一切緩不濟急。

關係人口，跨出區域現地尺度

如果「返鄉移居」的解法有所限制，何不尋求更爲靈活及彈性的做法，尤其交通及通訊的便利性，台灣不大的尺度關係，都給予了我們更多的想像。若回到人的範疇，地方有沒有可能透過有形及無形的連結模式，與狀態處於「住民未滿，旅人以上」的「關係人口」建立深刻的連結點，讓人可透過各式模式，來表達對地方的心意及貢獻。當一個地方能放心力在一地關係人口的經營與維繫上，就可以讓區域的概念無限延伸，不會僅侷限在現地的尺度及既有資源。

深化連結，創造有溫度的關係

找回「關係人口」這個重要的利害關係人，等於在血緣、親緣、地緣的框架之外，找到新藍海，讓人的「流動」觸發「交流」的產生，進而加深人與人、人與地的實質連結，甚至開啟願意二地居住或移居的契機。這樣的流動所注入的能量，將是處理地方停滯的一劑解藥，也能爲移居者於在地化之後，所隱約感受到的閉鎖性解套。

因此，如何透過企劃力來引動對於地方的想像，再透過不同執行模式來促進彼此間的交流連結，這時眞實、非此地不可的體驗內涵，就會是最佳誘因，一切不再是淺層的觀光及物產消費，唯有透過有溫度的人及故事，才能創造依戀，讓關係持續深化。

流動創生，解套在地閉鎖性

所謂「流動創生」的概念，就是在如此以「交流」爲核心，以「關係」爲目的，並以「移動」爲手段的情況下展開。而「流動」的目的，不僅是需要地方走出來、被認識，更是要透過這樣的手段，找到眞正在乎這塊土地的人，不論是關係人口或潛在的二地居住者、移居者，並打開在地人的想像力，透過交流激發出更爲強烈的危機感，引動更多人產生自發性的意識。而往往，這樣的能量路徑，都會來自於外來者熱心不已的行動，創造出拉力效應，而過去地方所存在的「在地閉鎖性」，亦將隨著流動一一被打破，而後得以重構一段地方新認同。

「流動創生」在意的不是交流的量，因此觀光不應是主要，重點應放在交流的品質，尤其能否有「持續性」、「雙向性」、「開放性」及「正常化」。當然隨著人群流動的頻繁，必然會對於「地方性」帶來威脅，也許地方就不再那麼純粹、那麼在地，但這不就是一座移民島國四百年來在上演的歷程嗎？

創造力習作

一、二、三，深呼吸
三題三分鐘動動腦

Q1

你是否曾對於一地充滿依戀，因而在這關係牽引下，期待展開流動生活？

Q2

當有一天流動成為城鄉之間的常態，地方將因而受益，還是受害？

Q3

你認為哪一類人適合展開一城一鄉，以關係為鏈結的流動生活？

「流動創生」的三大核心關鍵

流動創生

以「交流」為核心

◎引動對於地方的想像
◎創造有溫度的地方體驗內涵
◎著重交流品質，而非觀光或物產消費
◎強調持續性、雙向性、開放性、正常化

以「關係」為目的

◎找回「關係人口」
◎加深人與人、人與地的實質連結
◎可能開啟二地居住或移居的契機

以「移動」為手段

◎更為靈活有彈性
◎讓人的「流動」觸發「交流」的產生

……

當地方能放心力在關係人口的經營與維繫上，
就可以讓區域的概念無限延伸，
不受現地的尺度及既有資源侷限。

NO. 17

發展願景創造 × 回鄉之前，別忘了帶上你的「想像力」

青年返鄉　想像力　願景

地方實踐　地方創生

長期協助公部門進行創生計畫審查工作，看過上百組團隊，不得不說，有些已相當成熟，有些則無比生嫩，也許才剛離開校園，熱血澎湃，並具強大使命感，決意揮灑自己的青春，拿出鬥志爲土地灌溉。

這般的熱血故事，多半都在事過境遷之後，才發現事與願違。所以，到底青年該如何返鄉，需具備何種條件，似乎已成爲近年最常被私下請益的面向。如果是過去，我多半會回答：「熱血很重要，但請帶著至少一份以上具高度自信的專業，再回去，因爲如此一來你才不會成爲地方的負擔。另外，可以的話，請給自己多一點歷練機會，三十歲是返鄉的絕佳機會點。」

這樣的論點，來自於長期關注該議題的心得，但現在我想修正這番說法爲：返鄉，上路前，請檢查是否已帶上滿滿的「想像力」。

築夢，引動創造能量

理由很簡單，地方相對於城市，最大的不同在於「流動性」的差異，生活的規律，組成的穩定，長期下來讓人們缺乏想像力。而這樣的特性，也造成如果想要留鄉，多半僅能從現有的工作中進行選擇，久而久之，整體環境就容易走向僵化及單一性。

若要有效讓地方重新轉動並突破，最迫切的就是找回一群夢想家，憑藉想像力和願景來引入創造力。當人對未來有期盼，對居住的當下有所感，能對往後十年、二十年或未來的未來懷抱著希望感，這樣的地方才會持續存在，人們也才能從中找到生存的理由。

想像力：願景的開端

想像力，是願景的開端，創新的起源。從台灣各地方實踐團隊不同的際遇與企圖心，可以觀察到對於「當下資源－限制－發展願景／想像」這個課題的思辨，尤其在團隊進入發展期，就很明顯看到箇中差異。從願景來拉動實踐行動的團隊，可以說多半懷抱著企業家精神，知道如何找資訊，或因人生際遇，所以知道哪裡可以找資源，雖然他們不見得比較輕鬆。而另一種，多半是所謂小本起家者，秉持著有多少資源做多少事，而且還要存一些老本，所以大多就是小規模，不投資，走一步算一步，什麼想像力？一切活下去再說……

客觀的說，兩種型態最大的差距真的不是資源，而是在思考的軸線與決策的模式。現實者，不敢想，總是亦步亦趨，做一步想一步；願景者，把結局訂好，再用方法，即使別人不懂，但迂迴前進，總會想辦法到終點。

覺察改變，激盪想像

之於現實主義瀰漫的台灣，想像力與願景尤其重要。想像力並不虛無飄渺，任何微小的改變，都有機會觸發新的想像與創造。舉例來說，因爲有了高鐵，我曾經展開一日九小時、北中南三城的跳蛙行程，其中有三小時鐵道貫穿，兩小時車程接駁，四小時努力工作，以這般的流動方式，台灣就是一個共同體。試想在有高鐵之前，我們能想像有這樣的可能嗎？過往，也許需要花費三天時間，但現在九小時就可以完成。而若以返鄉工作的角度去想像，這樣的流動性，不也強化了二地居住的實踐可能性？所以一段破壞式的創新，所引動的漣漪效應，可以改變固有的生活型態與工作模式，連帶打開了許多的想像與可能。

改變，常常都是在人們不自覺的當下來到，被我們視爲理所當然，習以爲常，唯有覺察者才能懷抱著感知，激盪著想像力，一路，持續向前，推著地方，鏈接未來。

創造力習作

一、二、三，深呼吸
三題三分鐘動動腦

Q1

如果有一天你走向返鄉之路，你認為會是什麼樣的「夢想」驅動著你前行？

Q2

地方常被認為缺乏魅力與特色，你認為這是真實，還是缺了一點創造力？

Q3

能否用著逆算法的邏輯，想像二〇三〇年的地方美好，再回過頭來築夢踏實？

想像力是驅動地方蛻變的開端

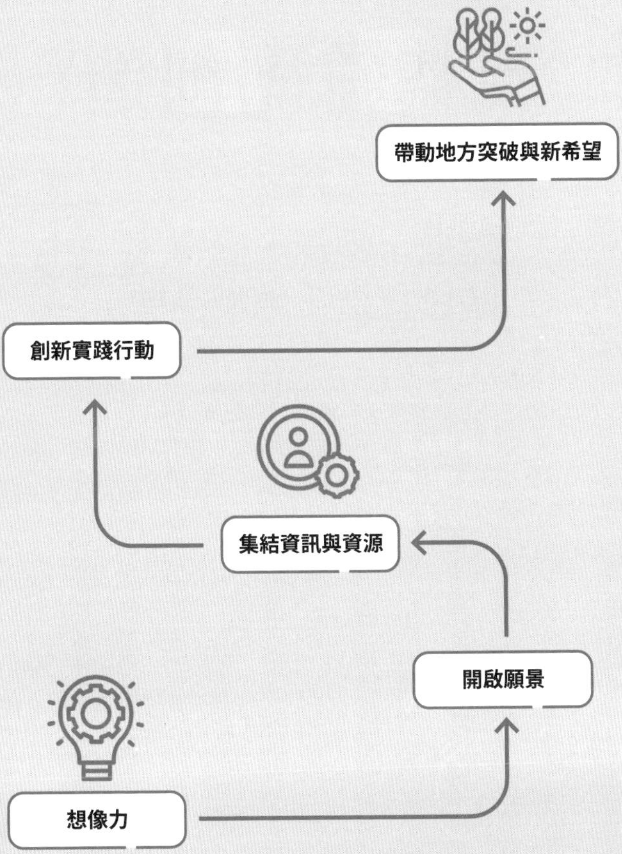

……

若要有效讓地方重新轉動，
最迫切的就是找回一群夢想家，
藉想像力和願景引入創造力，引動對未來的希望感。

NO. 18

風格符碼創造

×

挖掘，轉譯，詮釋，三階段打造「地域品牌」

挖掘　轉譯　詮釋

地域品牌　感動　漣漪效應

台灣政府過去推了好長一段時間的「一鄉一特色」，讓我們很自然地想到鄉鎮，就會直覺對應到農特產品、宗教名勝或著名人物。此外，每個縣市都有各自的代表物，並定期舉辦各式具在地特色的展覽慶典，甚至還花錢做吉祥物，到處去跑場爭取曝光度。都那麼努力且全面了，算不算是建立起地域品牌了呢？

也有許多地方認爲，打品牌純粹是爲了「吸引觀光客」才需要，而我們這裡就是一處鳥不生蛋、資源匱乏的窮鄉僻壤，實在沒必要在這種事情上花費心神及資源。眞的是這樣嗎？

回到「品牌」的核心，就是要讓所有利害關係人留下深刻印象，建立並留存認知，甚至能感動，進而感召後續不同程度的漣漪效應。從這樣的角度來看，地域品牌的建構，一點都不單純，它存在更深遠的策略及戰略性意義，將攸關地方整體發展的未來。從日本到近年來台灣一些縣市，已經意識到這件事情的迫切性，並願意引動設計力來驅動創新。

到底投注心力在地域品牌的打造及梳理，能具體創造出什麼效應？

地域品牌：地方創生的戰略武器

這樣說好了，處於地方創生風起雲湧之年代，高齡化、少子化、都市集中、地方過疏是我們都理解的限制與課題，那麼如何有效地在現有框架下力求突破？換句話說，地方如何有機會能通往「安居樂業」的終極目標？地方如何有效活化？青年如何帶著熱情與實力返鄉？地方如何因新活水注入而脫胎換骨，而不是任由頹圮，走向地方消滅的命運？面對這些難關，有一件事情相當關鍵，就是「地方」是否能被關注、重視並看見。在此邏輯下，「地域品牌」成爲箇中關鍵，也難怪國發會所設定的地方創生五大推動策略[1]，第五支劍就是「品牌建立」。

要成功打造一個品牌，需花費無比龐大的資源，如果單是爲了拚經濟，不就太可惜！「地域品牌」是一個可爲地方，創造多方共益的戰略武器。而在戰略上，成功打造一個地域品牌需要歷經三個階段：挖掘，轉譯，詮釋。

挖掘—轉譯—詮釋，由內而外發散收斂

首先「挖掘」：如何帶著好奇之心、敏銳之力，透過紮實的挖掘行動，貼近地方風土，親炙文化肌理，讓田野調查、共創工作坊，挖掘在地魅力，從而地方ＤＮＡ無所遁形。其次「轉譯」：如何帶著覺察之眼、企劃之思，從眾多的資料線索當中，進行詮釋與萃取，發揮從在地人的日常，見證旅人非常之能耐，讓內容能畫龍點睛。最後「詮釋」：如何發揮創造之意、策展之技，把能代表地方的元素、符碼內容，透過好的商品、

1　行政院「地方創生國家戰略計畫」五大推動策略為：科技導入、企業投資故鄉、整合部會資源、社會參與創生、品牌建立，俗稱「五支劍」。

服務、展覽、活動、祭典等多元載體傳遞出去。如此由內而外的發散收斂歷程，最終將從行動事件，影響到人，地方將因此煥然一新，不同凡響。

以二〇二一年火紅的電視劇《斯卡羅》爲例，在清代台灣史上，有一段羅發號事件，透過史學家的「挖掘」及考證，把這段歷史保存下來，而後有一位熱愛歷史的陳耀昌醫生，不僅深入研究，並把它寫成小說《傀儡花》，讓硬邦邦的史料，成爲有溫度的故事，這樣的「轉譯」，讓沉睡的歷史內容有了生命及想像力。

而最後，由曹瑞原導演所帶領的團隊，把這段歷史透過影像「詮釋」成爲一般閱聽大眾有感的影音內容，讓更多人能透過收看，親炙歷史故事背後的魅力。從而這段故事的史實現場，也將因題材而有機會被看見，成就一處地域品牌發展之地。

放眼將來長遠的發展，能續存的地方，必然是活躍並充滿魅力風格的希望之地。不管地方是否位於遠方，因爲心的維繫，距離不再是障礙；也因爲是品牌，讓它更知名並具吸引力，也更讓人有感並樂於靠近。「地域品牌，創生未來」，歡迎一同點燃地方願意奮力一搏的動力。

創造力習作

一、二、三，深呼吸
三題三分鐘動動腦

Q1

台灣各鄉鎮都在推一鄉一特色，而你最有記憶點的是哪一個？

Q2

你認為「挖掘」在地魅力的核心關鍵為何？

Q3

「轉譯」與「詮釋」的實施需要一群專業者助拳，而你認為箇中的成功關鍵為何？

打造地域品牌三部曲

地域品牌

3 詮釋

◎把代表地方的元素，透過多元載體傳遞。

2 轉譯

◎ 從眾多資料線索，萃取畫龍點睛的內容。

1 挖掘

◎ 貼近地方風土，找出地方 DNA。

……

「品牌」思維的核心，是要讓利害關係人留下深刻印象，
建立並留存認知，甚至能感動，
進而引動漣漪效應。

NO. 19

地方魅力度創造

×

地域品牌，關鍵在於「搶攻心佔率」

幸福感　魅力度　地方消滅
地域品牌　地方續存性　地方心佔率

到底地方魅力是一種「憑感覺」，還是透過一些客觀的研究結果，讓我們有跡可循，並在前進的道路上能找到努力的方向及切入點？

二〇二〇年，日本國內一家名爲「ブランド総合研究所」（品牌總合研究所）的私人研究機構，前後發表了幾項與地方有關的調查，確實讓我們看到若干蛛絲馬跡，也印證地域品牌建立，爲地方能否續存或被看見的首要之重，那些自治體將能順利躲過日本高齡化、少子化及地方人口稀少挑戰，存續著而不被消滅。

地方續存性：與人口多寡無必然關係

首先來看日本都道府縣「不會被消滅！」的調查排名，研究嘗試定義「幸福度、滿足度、愛着度、定住意欲度」等四項指標，算出「地方續存性」結果，最終答案讓人跌破眼鏡，首位爲離島沖繩，北海道居次，福岡縣排第三，石川縣、宮

崎縣分居四 五名，外國人喜愛的京都排名第六，而東京、大阪這些大都市，都在十名之外。透過這份結果，讓我們意識到，人口多寡似乎與續存性，沒有必然關係。

地方魅力度：關乎地方如何被記憶

其次，爲「日本二〇二〇市區町村魅力度」調查，在日本超過一千七百個自治體當中，到底人們認爲何處最具有魅力？本項調查爲第十五度執行，透過認知度、魅力度、印象等八十四個構面項目，蒐集了全日本超過三萬份有效樣本。調查結果同樣出人意料，除了京都因古城魅力居首，其他一般人心目中普遍認爲的城市著名據點排名都不在前面，反倒是台灣人喜愛的北海道城鎮——函館、札幌、小樽包辦前五名中的三項，其他風格獨具的地方城鎮如鎌倉、金澤等，也名列前十。至於東京的那些區域呢？新宿、澀谷，有，但都名列四十名之後。從這樣的調查結果透露出，地方的魅力與它在城或在鄉，不存在必然關係，而是看一個地方如何被記憶並被吸引。

地方幸福感：形塑有心佔率的嚮往之地

另外一項則是關於「幸福感」的調查。我們知道，當一個地方讓人感到不幸福，一有機會，人們就會用遷出的行動來表達自己的意志；當然，地方如此，也不會有人想要移入。因此「幸福感」對於日本各地大舉推動的「移住」政策來說，應具有參考價值。而到底居住在日本哪一區域的人最感到幸福？是物質豐饒的大都市東京？古都風情的京都？還是環境優美的北海道？結果是台灣人不太熟悉、位於九州東南方的農業大縣宮崎，沖繩排第二，大分、福井、石川，這些非日本主流的農業縣市排名三到五。

從這樣的結果可看出，隨著近期創生政策

的大舉推行，許多過往不被熟悉的地方，透過文化的梳理、生活風格的爬梳，漸漸成爲廣爲人熟悉且深具吸引力的嚮往之地，形塑出一個有心佔率、持續性、活的「地域品牌」。

日本的這幾項調查，讓我們看到未來的地方發展並非遵循人少消滅、人多續存的線性邏輯，也不由是城是鄉、資源多寡來決定。而是當我們能循序漸進的投入地域品牌的打造工程，讓地方從被看見、被認識、被熟悉，因而嚮往，創造關係及眞實連結，如此的地方不僅不會被消滅，而且具有未來。

創造力習作

一、二、三，深呼吸
三題三分鐘動動腦

Q1

在你心目中，最令人能感受到滿滿「幸福感」的台灣城市是哪一座？

Q2

當你所居住的地方，是一處不具魅力及記憶點的地方，你會怎麼做？

Q3

如果你今天要考慮並選擇一處地點移居，哪幾項是你的決策條件？

地域品牌搶攻心佔率

◎打造地域品牌

⇨地方被看見、被熟悉、被記憶、被嚮往

⇨創造關係及真實連結

⇨地方不會被消滅！

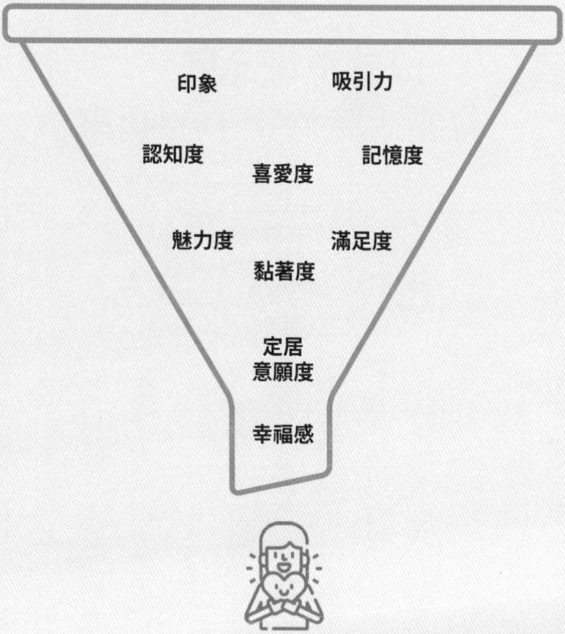

……

未來的地方發展並非人少消滅、人多續存，
也不是取決於是城是鄉、資源多寡，
而是跟地域品牌的建立有關。

NO. 20

多重模式創造 × 成就地域品牌，需要「陸海空」一起來

地域品牌　陸海空行動　設計思考　美感　在地脈絡　全面性

讓地方成就「地域品牌」，成爲一個不只是有著點狀的物產、線性一般的遊程，更能在人們的心中留下情境式全貌式的感官，絕對是首要追求。如果你問我，台灣到底有哪幾個縣市堪稱爲「地域品牌」，撇開相當具有風土個性的古都台南不論，台東絕對是這幾年竄起的地方新彗星。

從二〇一七年起，常住人口二十萬不到、面積全台第三大的後山台東，風起雲湧的展開一場以品牌爲核心、以設計爲主導的地域品牌再造運動。擺脫過往以縣市首長或一人爲中心，以地方特色物產等物質化特色爲主題之地方宣傳模式，嘗試從根本出發，思索不同的溝通模式、連結維度，因而打響一場陸海空三D的地方總和戰，檯面上的成果像是被選爲二〇一八年之十大國際新興旅遊城市之一，還有一連串的變化如同化學作用般的超展開來。

空戰：回歸設計思考，重建溝通形象

首先，來談談空戰部分。隨著台東設計中心於二〇一七年二月成立，聚焦以設計思考與美感創造爲前提，展開一系列運作行動，透過空間展示、名片設計、網站改版、方案提出以及影片露出，還有公務人員培力等形式不一的模式，來創造改變。

不得不說，這樣打破舊思維的做法，初期眞的有人覺得匪夷所思。爲什麼需要花大錢，找知名設計師來做名片，眞的會因爲這樣釋迦多賣一顆，觀光客多來一位，進而創造產值？在鄉下地方，沒人會在意啦，發給自己人的，簡單弄一下就好……

這樣的質疑，本質就在於缺乏品牌思維，並對於所需要溝通的對象、內容認知不清，不知道一個形象的建立與立體化，需要透過一段縝密的企劃，以及系統性、波段性的推動過程，目的是要深化目標族群對於該地的眞實性存在。在歷時數年的再造行動中，也許讓人感到相當空靈派，但透過外部的設計能量，結合在地團隊的落地性，並透過多個主流社群KOL[1]的攪動，讓台東的知名度，在幾年內有長足的提升。

海戰：官辦活動，立體化地方生活風格

而如鴨子划水般的海戰，也一波波而來，包含慢食節、熱氣球、南方以南、東海岸大地藝術節、衝浪公開賽、部落假期等，由地方政府標案型的相關活動推進，所想要溝通的對象，主要爲過往具有台東經驗，並愛上這裡，會自行創造定期造訪理由的人。

透過這一連串符合在地脈絡的活動，展現出獨特的生活態度，也持續吸引著人們有意識的把台東當成未來安身立命的家。縱谷線的關山鹿野移民，海岸線的東河、都蘭部落，還有南迴原

1 KOL：Key Opinion Leader，即「意見領袖」。

民部落等，各異其趣的爲純粹又素雅的台東，增添了許多氣味，台東從而被記憶，地方充滿了話題，成熟有趣的內容，讓一切更立體、更情境化。

陸戰：民間發起，關係人口多樣化互動

最後，如陸地巷弄戰一般存在的民間草根而起的自主活動，也在空軍海軍的掩護下展開，像是熱鬧非凡的阿米斯音樂節、縱谷線的小鎮田園風等，各式的體驗活動、地方市集、特色產品，鋪陳出一條延伸關係人口的互動路徑，讓嚮往台東風格的人，能多元的找到與之接觸的理由，想來就來。

台東的多樣性能被感受到，這樣的過程源自土地與人之間的連結，也讓我們看到，形塑一個品牌所需要創造的全面性。台東近幾年的脫胎換骨，絕對不是做對一件事情而已，而是不同行動背後的層次堆疊，讓地域品牌的魅力更爲清晰。

創造力習作

一、二、三，深呼吸
三題三分鐘動動腦

Q1

這是個品牌創價的時代，請問你是否關注哪一座城市也這樣在崛起？

Q2

在打造一個立體化的城市品牌歷程中，你認為最困難的一點為何？

Q3

當品牌逐漸構築之後，該如何持續與你的粉絲，進行維繫？

打造地域品牌的 3D 連結維度

空

◎聚焦於設計思考與美感創造。
◎引動思維改變，重塑溝通形象。

地域品牌

◎以設計為主導
◎著重土地與人的連結
◎進行全面性創造

陸

◎民間草根而起的自主活動。
◎創造多元接觸點，擴展關係人口。

海

◎由地方政府標案型活動一波波推進。
◎貼近風土脈絡，展現在地獨特生活態度。

……

地域品牌形象的建立與立體化，需要縝密的企劃，
以及系統性、波段性的推動過程，
以創造全面性的情境式魅力。

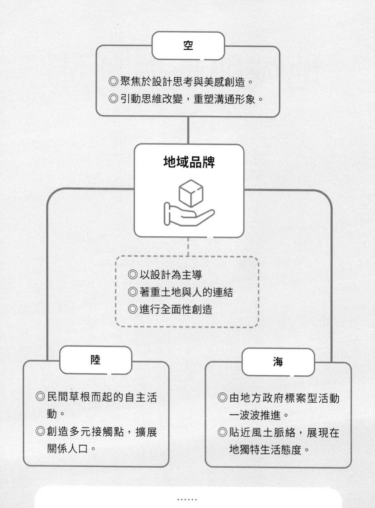

NO. 21

地域即戰力創造 × 城市進化一波波，就是不能沒有「年輕的你」

痛點　青年人才培育　地方創生　地方創新　地方紋理　關係人口　地域品牌

地方想成爲一處具有魅力的品牌，讓人憧憬及充滿想像，要看能否進一步從地方的痛點去思考，最好還能夠從根扎起，聚焦到教育的範疇，如此，地方才能有源源不絕的人才，否則不新陳代謝，不流動互動，將很難打破閉鎖性。關注地方發展，不僅育才更要留才，這將是地方政府在硬體建設、軟性行銷外，需多所關注之處。

二〇二〇年五月，由嘉義市智慧科技處所啟動之青年學院「勇契學」，正是這樣的全新嘗試。這座三十萬人口的典型緊密都市，雖因區位集中而能收效能之便，但同樣遭遇人口老化及青壯外移的危機。「勇契學」活動所傳達的意義不僅是重視青年，更期待爲城市的未來累積社會資本。

培育青年：累積城市未來的資本

活動涵蓋多元領域，爲期三個月，著重於學會觀察，培養解決問題的創新行動力，號召嘉義地區的青年來共同參與。培訓課程採體驗營形式，以我擔任講師的工作坊爲例，在兩個整天的活動中，除了傳授設計思考、社會設計與地方創生的思維外，並綜整嘉義市關鍵的困境構面，引導分組團隊從切身感，起而學習動手實踐。

同年七月，由一群關心台灣地方發展之實踐者們所組成的台灣地域振興聯盟，選擇嘉義市作爲首屆台灣地方創生年會之舉辦地點。這項民間發起的大型活動，集結了超過七百位，來自全國關注地域活化與創生實踐的團隊、組織及個人。在兩天的時間中，密集參與演講、踏查、工作坊及分享會等，也激勵著所有關心創生議題的公私部門、在地夥伴，甚至是學生，透過別人的眼光重新認識自己的城市。

緊接著在兩週之後，嘉義市第一屆「有事青年節」展開，其中安排了標榜「青年實踐行動培育」的競賽，直接號召更多的年輕人願意站出來，找回樂於嘗試的熱忱，以城市爲基底來進行提案。期盼能經由這樣的過程，鼓勵年輕人主動透過現象分析，找尋隱藏在城市當中的問題，並嘗試透過創新模式來尋求解決。如此的每一個提案，都可謂爲地方創生的前哨戰，而這座城市的DNA，也會在這樣的行動中，被翻攪出來。

城市「活化」行動：點亮青年覺醒火種

而一年一度的「台灣設計展」，二〇二一年由嘉義市首度舉辦，這樣全國級的大型展會，有助於提升嘉義在設計美學、文化藝術、工藝創價以及城市治理等相關議題的能量。在這個時代，設計展的目的已經不再是僅僅那幾天的活動及展示表現，而是一場屬於城市設計行動的眞實展演，而這個行動從二〇二〇年就已經展開，整個嘉義市動了起來。設計展算是行動的總驗收，但並非休止符，反而是引動改變的開始。

也許你會質疑，這麼一連串的活動，眞的能就此建構地域品牌嗎？不就是辦來自己開心而已？市民看得懂嗎？有人會關注嗎？

我想再次提醒，任何的「活化」行動，都不應、也不會一蹴可及，需要一段時間的醞釀，還有更長一段時間的持續投入，才有可能累積出一點點成績，而投資青年絕對是身處創生年代的台灣必須走的路。地域品牌的打造，需要透過行動來找回自信，當年輕人願意參與，一次又一次提案，其實是對於地方紋理、社會現況的爬梳與覺察，縱使看到眞實或醜陋的一面，但唯有深入接觸才能讓人產生切身感，最終強化認同感。即便當他告別這片土地，亦可期待將成爲忠實的關係人口。要知道，一座城市有沒有未來，便在於有多少人眞正在乎它、掛念它。

嘉義市的例子，讓我們看到起造地域品牌的另一種路徑。在一座城市被關注、被羨慕之前，讓在地的先看看久未端詳的自己，點亮年輕人覺醒的火種，爲地方注入更多生命力基因。

創造力習作

一、二、三，深呼吸
三題三分鐘動動腦

Q1

請問你自認對於家鄉夠熟悉嗎？哪時候開始意識到自己與家鄉的關係？

Q2

過往是否有參加城市主導的相關活動？如果有，期待城市與你有哪些議題的對話？

Q3

當城市願意用實際行動爭取你的認同，你認為這會成為一種返鄉的引子嗎？

以教育儲備城市未來創生戰力

地方青年人才培育重點

◎鍛練觀察力
◎地方現象分析
◎找出隱藏的問題
◎發揮創新力
◎培養解決問題的行動力

青年創新實踐提案

預期效益

◎育才、留才
◎促進地方人才流動互動
◎強化地方認同感
◎有助於挖掘地方 DNA
◎預約忠實關係人口
◎累積地方未來的社會資本

地方創生前哨戰

……

年輕人的創新提案，
其實是對地方紋理、社會現況的爬梳與覺察，
因深入接觸更能有切身感，最終強化認同感。

NO. 22

價值萃取創造 × 地方魅力要深掘「在地DNA」，更需精準轉譯

挖掘 轉譯 詮釋 共創 參與式設計
設計思考 地方DNA 地方文史 活化 軟體思維

該如何擦亮地方魅力，一步步讓過往看似平凡無奇的地方成爲地域品牌？從地方DNA下手將是關鍵點。如果能透過多維視角來進行深厚的內容挖掘，像是從專業者、在地住民、觀光客等的觀點，將有效激發出地方的魅力。

台灣的地方文史，是在地珍貴的文化資產，也是打造地域品牌的創意寶庫。而文化部所推動的「國家文化記憶庫」（memory.culture.tw），更加速這些資料的公共化。有了這些寶貴的內容，接下來才能透過年輕人的創意及專業的文化知覺力，以及設計手法的掌握，來進行後端的轉譯與詮釋工作，讓文化或歷史過程中的片段，不再只是過往常被束之高閣的文獻史料，而是能透過不同的模式與人親近並接觸，持續擦亮獨屬地方的品牌吸引力。

尊重轉譯與詮釋的專業深度

轉譯是項專業，更是種共創，融入多元利害關

係人，透過參與式設計[1]，一同結構地方DNA中的魅力元素，讓關鍵的符碼成就地方的內涵，讓文化化爲風格，被人所需要並運用，最後，讓詮釋登場，建構地域品牌的最後一哩。

隨著台灣設計近年來的蓬勃發展，逐步將能量發揮在地方魅力的詮釋工程上，並透過風格策展、地方藝術祭、地方雜誌、體驗旅行、內容設計等模式，讓地方的魅力能透過不同形式展現，引動與人們的連結，進而幫助地方與人之間建構深度的關係。

跨域共創，活化在地文史

例如，淡水古蹟博物館的「品味1884培育活動」，以台灣歷史上發生在一八八四年的清法戰爭滬尾之役爲發想主題，透過食物設計模式，用創意料理再現淡水歷史故事，形塑爲地方的一項特色及魅力。這起匯聚產官學多方的共創行動，推出大學校園工作坊，以及創意料理線上課程、設計圖文食譜集等數位資源，讓歷史不再充滿距離，而是可以入菜，讓人透過吃就可以與在地過去所發生的重大事件進行對話。這樣透過事件的轉譯、詮釋所創造出的價值，讓地方能找到未來與人鏈結的新契機，也有助於重新建構一地的形象。

軟體思維，醞釀地方逆轉勝

確實，地域品牌建構工程，需要時間的醞釀，並且要隨著不同階段透過不同方式來持續投入，才可壯大品牌及人們對於品牌的認知性。但在過往的地方發展上，硬體至上的「建設，建設」，一直都是地方政治人物對於城市治理及施政的重點看頭，蓋上一座奇特的教堂，或搭起一座巨型牌樓，或漆上一排亮眼彩繪，或興建一種新的建築體，地方眞的就會從此翻轉成功？

要爲地域復興之路找到逆轉勝的新可能，絕

1 參見本書50〈群眾共識創造〉。

對不能再停留在過往的硬體思維，尤其視地域品牌爲地方能在當代再起的一帖解藥之際，軟體的強化勢在必行。同時，也切勿只把這些從挖掘地方DNA而起的系列行動，視爲一檔又一檔的活動而已，而是當這樣的行動能持續運行而累積，所創造出的內容，必能激發更深一層的想像力。

迎接未來的世代，我們需要更多以活化爲念的行動，讓舊空間和在地文史能因活化找到新價值，讓文化能更被珍視。並透過挖掘、轉譯、詮釋，成就地方存在之必要，由內而外，爬梳，由外而內，建構，讓每一地都能成爲各具姿態的魅力風格之地。

創造力習作

一、二、三，深呼吸
三題三分鐘動動腦

Q1

如果你曾經參與挖掘地方知識的行動，你認為最困難的一點是什麼？

Q2

透過參與式的行動展開，往往能創造出什麼樣的效果？

Q3

過往是否有參加過任何詮釋過的內容模式，內容精彩到讓你留下深刻印象？

打造地域品牌從地方 DNA 下手

地方文史＝打造地域品牌的創意寶庫

挖掘

◎從專業者、在地住民、觀光客等多維視角找出內容線索。

轉譯

◎為一種共創，融入多元利害關係人，結構地方魅力元素。

詮釋

◎運用創意手法，讓在地特色內涵化為各種模式與人親近。

→

地方 DNA
多元模式展現

◎風格策展
◎地方藝術祭
◎地方雜誌
◎體驗旅行
◎內容設計等

◎ 藉不同形式持續擦亮獨屬地方的品牌魅力，引動地方與人們的連結

……

透過在地文史的轉譯、詮釋所創造出的價值，
讓地方能找到未來與人鏈結的新契機，
也有助於重建一地的形象。

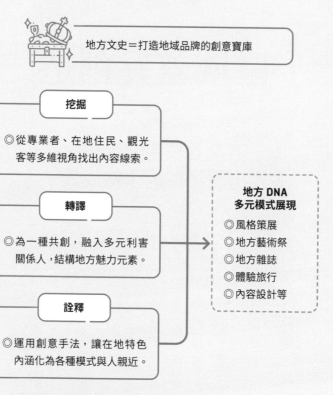

NO. 23

區域差異創造

×

下次要戰南北之前，先找出屬於你的「縣民性」！

縣民性　地域性　地方 DNA　地方創生

地方氣質　自明性　比較　地方魅力　城市情緒

近代長期在日本各地進行田野調查的民俗學家，因為經常需要接觸地方的人們，所以能自然地感受到各地人之間的大不同，總會默默的觀察並記錄，留下對於地方人的評價，就有了「縣民性」（けんみんせい）的概念。

從定義來看，所謂縣民性，指的是日本各地方自治體中，各地方居民的氣質、行動傾向及性格，這些內隱或外顯的特徵，通常會受到地方的歷史文化、自然風土、地形氣候、人口分布、飲食習慣、產業發展等因素的影響。縣民性是一種統稱，通常也會以縣做為單位，因為是專業者透過以身為度的接觸訪查後，從深度的洞察，所提出的心得，所以多半能得到民眾的認同。

解讀縣民性，更貼近地方的真實

若你以為「縣民性」不過是一種僅供茶餘飯後閒聊的話題製造機，那就誤會大了，直到今日，

1 人本設計：為對於設計發展的反思，如何回到以人為本的立場才進行設計，而設計思考（Design Thinking）就是從以物為本回歸到以人為本之路上的倡議及實踐。

2 鳥瞰：如同飛鳥一般的從上往下窺看，能廣闊的掌握一個碩大的脈絡及趨勢變化，但也往往見林不見樹。

日本仍十分重視「縣民性」，每年都有許多機構透過科學化的統計，甚至普查所得出的數據，來進行精密的研究探討。這些充滿趨勢感的內容，除了趣味，也可從中進行解讀，將分析結果應用在不同領域。

這也讓我們知道，對於各地方住民的理解，可以跳脫僅停留在刻板印象，或是僅存在一個概念的階段，而是能透過客觀的方式記錄，配合上主觀的詮釋過程，讓這樣的行動富含意義與價值。

回過頭看台灣，如果要舉一個日常生活中與地域性最接近且有感的事物，大概就是「物產」了，消費者開始重視產地到餐桌之間的細節，標示上的「地域性」重新找到意義，像是買紅豆會看是不是來自萬丹等等。這樣的意識背後，來自於人們認知到源自根基的風土條件、地形氣候、水質環境，所造就之物產的獨特、適地及優越。

既然「物產」已經出現這樣的邏輯，那居住在各地域間的人們，有沒有可能建立起自己的「縣民性」？放下諸如「台北人比較冷漠」之類的刻板說法，起身探索我們的地域個性，深度了解居住於不同地方的人，到底存在怎樣的不同，對其樣貌、氣質、消費習慣、價值觀，做出更爲深刻的描述。如此一來，無論是對於城市品牌建構，尋求對區域的理解，甚至更客觀地看待地方的人事物，都將產生意義。

探索縣民性，善用人本設計方法

至於該怎麼做，當然地方採集可能是方式之一，透過田野調查，理解地方的農牧物產、特色人物，還有飲食語言文化產業等，從這些元素來描繪地方的輪廓。但如此一來似乎跟地方誌沒太大的不同，可能會存在見樹不見林的窘境。

或許，我們可以透過人本設計[1]的方法，客觀針對區域進行量化的問卷搜集，鳥瞰[2]地方人

3 文化探針：為一種洞察使用者內在想法及深沉思考的研究方法，透過發送探針包，讓受測者攜回並用一週或某定向時間進行固定施測，而後再經由這些物件上所留下的資訊來進行分析。

4 蟲觀：如同小蟲一般地從小處窺看以收見微知著之效，能細膩的掌握一個脈絡細節，但也容易見樹不見林。

5 人物誌：為人本設計的一項重要工具，通常為根據研究結果將所有資訊轉化到真實且立體的人們身上，以便於所有利害關係人之間溝通之用。

的輪廓，再透過質性研究的訪談及觀察，配合文化探針(3)的脈絡紀錄，來完成收錄更多的資訊，蟲觀(4)地方人的細節。當資料下載完畢，再針對不同地區人的線索來進行比較研究，最後用人物誌(5)，把人的個性、氣質、生活型態生動地描繪出來，例如在籠統的「台北人」之下，還可以再細分出萬華人、北投人之差異等。這樣得出的縣民性資訊，會不會更加精準生動？

例如，二〇二〇年，林事務所就曾在台北展開「翻轉台北城」的縣民性調查計畫，用四個月的時間，帶著「台北市是什麼？」的問題意識，採用問卷調查、深度訪談、文化探針、路上觀察、人物誌建構等研究方法，企圖梳理台北的大不同。而在隔年的大疫之年，則帶著這樣的思維來到台中，企圖透過共創工作坊來覺察台中市山海屯城城五個區域的人們，對於疫情過程中的生活以及疫後生活的所思所想，是否有所不同？進而窺看區域間因差異所產生的獨特性及魅力。

當地方的「縣民性」能得到梳理，台灣三五八個自治體就可意識到各自之間的差異性，更能貼近地方的眞實，而地方DNA，也將手到擒來。

創造力習作

一、二、三，深呼吸
三題三分鐘動動腦

Q1

你是否能透過一些特徵清楚說出區域間的差異，如南／北部人，台北市／新北市人等？

Q2

請問你過往前往一地旅行，是否會期待品嚐在地美食？如果是，為的是什麼？

Q3

區域之間的差異，會不會引發你的好奇，而更積極想前往造訪？

萃取在地「縣民性」的方法

縣民性

◎指地方自治體中，各地方居民的氣質、行動傾向、性格等內隱或外顯的特徵。

◎通常受到地方的歷史文化、自然風土、地形氣候、人口分布、飲食習慣、產業發展等因素的影響。

運用人本設計方法

客觀記錄方式 ＋ 深度洞察 ＋ 主觀詮釋過程

流程

1 客觀針對區域進行量化的問卷搜集，鳥瞰地方人的輪廓。

2 質性研究的訪談及觀察。

3 配合文化探針的脈絡紀錄，來收錄更多資訊，蟲觀地方人的細節。

4 當資料下載完畢，再針對不同地區人的線索來進行比較研究。

5 用人物誌，把地方人的個性、氣質、生活型態等深刻描繪出來。

……

當地方的「縣民性」能得到梳理，
當我們能洞察地方人之不同，
就更能貼近地方的真實，地方 DNA 也將手到擒來。

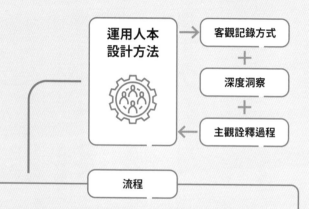

NO. 24

角色故事力創造 × 養育「地方吉祥物」？眉角一次看懂

地方吉祥物　可愛　企劃力　真實性

地方吉祥物（日本稱爲「當地吉祥物」）這樣的角色，是基於地方廣宣需要，被創造出來的新生物，所背負的任務就是，透過角色內外交織所展現出的朝氣與魅力，來吸引更多人對當地產生好奇，進而願意關注，最終不僅能打響地方知名度，更能有振興觀光、促進交流人口增加的實質效果，可以說是爲一地代言的魅力大使。

那麼，要怎樣才能塑造好這個角色呢？從以下四個切入點去思考，應該有助於找到方向。

1—吉祥物的造型與地方無太多關聯性，可以嗎？

到底吉祥物造型，需與地方有多強連結？一般說來，若地方就存在這物種，的確最直觀並可會意，但「仿眞」是最好的方式嗎？觀察近年日本火紅的吉祥物，會發現不見得如此，從吉祥物界的巨星くまモン（熊本熊）、みきゃん（蜜柑君），到二〇一七年吉祥物大賽冠軍得主うなりくん（成

田鰻君），你會發現，真正受歡迎的吉祥物，都是略帶擦邊球的角色，因為這樣真實中略帶虛構的造型，反而更具延展性，讓人萌生更多想像。

因此，重點不在關聯性強弱，而在於角色能否跳脫窠臼，具備獨一無二的個性及魅力，討喜又讓人樂於親近。

2｜可愛之餘，吉祥物是否需充滿記憶點？

「可愛」似乎某種程度上已成為吉祥物的必備條件，但吉祥物被賦予的任務，已從原先只是帶給兒童及年輕女性歡樂與愛，進一步到扮演地方魅力宣傳大使，當人們每天生活中，早已充斥各式可愛角色，如何突破重圍才是重點。

因此，為地方而存在的角色，不僅要可愛，又要能透過行動來賣萌，讓人好奇，最終著迷。諸如熊本熊的腮紅掉下來的企畫，就是將臉頰上的紅點與地方紅色食物特產進行有效串聯的經典案例。當可愛已成基本款，如何藉由企劃力，讓吉祥物透過行動讓人難忘，就更顯重要。

3｜有多少人，相信吉祥物是真實存在的個體？

二〇一七年台北世大運落幕之際，發生了「熊讚正妹」事件，這個插曲讓台灣社會第一次思考到吉祥物真實性問題。當熊讚不再是熊讚，而是由正妹所扮演的偶，這樣的吉祥物，是否還具存在的意義？當真實性被打破，還有多少人會為其著迷？

這讓人想到，一向愛挑戰極限的熊本熊曾進行高空彈跳，當影片上傳到YouTube隨即被瘋傳。當晚，負責熊本熊宣傳的團隊處，鈴聲此起彼落，電話的另一頭多半是熊本縣民，「你們這樣很危險，如果熊本熊有三長兩短，你們負擔得起嗎？」這樣認真且直接的抱怨，無不告訴著我們，熊本熊早已超脫熊或吉祥物，在縣民心中，他是一個真實存在的個體。

4 地方吉祥物，能否比地方首長更超人氣？

在台灣，吉祥物與地方首長一同出席活動，似乎成慣例，尤其在吉祥物推出前期，透過政治明星來加持拉抬，看似絕佳策略，但未必都能發揮魚幫水、水幫魚的效果。

不知大家是否還記得，在台北世大運籌備期，柯市長在運動場試跑不慎跌倒，其實當天熊讚也在現場，只是當柯市長撲街，鎂光燈焦點馬上就落到市長身上，至於熊讚，早就被晾在一頭無人聞問，所以我才會提出「既生P，何生讚」的說法。

因此在日本，既使是無比熟悉的吉祥物與首長要同台，都需要進行縝密設計，讓互動有梗。當然相對於首長有任期，吉祥物則應永續，因此如何持續累積聲望，創造獨特魅力，讓吉祥物比首長更超人氣，吸引力更持久，是另一道思考課題。

創造力習作

一、二、三，深呼吸
三題三分鐘動動腦

Q1

請問你印象最深刻的地方吉祥物是哪一位？日本的？台灣的？為什麼？

Q2

你是否曾經從對一位地方吉祥物的依戀，投射到他所代表的那座城市的經驗？

Q3

你認為縣市首長是代表一座城市的絕佳代言人嗎？或者這件事情讓角色來做比較適當？

形塑地方吉祥物的四項關鍵

真實性

◎讓角色成為人們心中真實存在的個體。

造型

◎真實中略帶虛構。

塑造地方吉祥物

永續性

◎持續累積聲望與魅力。

記憶點

◎企劃賣萌行動或事件牽引關注。

……

地方吉祥物的魅力，
能吸引更多人對當地產生好奇，
肩負打響地方知名度、振興觀光、促進交流人口的任務。

NO. 25

地方大使創造

×

與其說「可不可愛」，不如問「有沒有底氣」代表這裡？

地方吉祥物　地域品牌　地方創生　關係人口　連結　敘事力　真實性

說到台北市的士林區，你會想到什麼？士林夜市？兒童新樂園？那老台北萬華呢？是龍山寺？剝皮寮？華西街殺蛇？電影《艋舺》？還是遊民？這些是歷經多年在一般民眾心中留下的印象。當然，「地方」每日都眞實存在並流動著，而非只是一座由刻板印象所堆疊出之「想像的異邦」，但造成這樣的現象存在，關鍵就在於，我們從未從生活集合體的概念來看待「地方」，長期缺乏「區域品牌」的意識。

地方存在的背後，隱含著許多値得被理解、被記憶的脈絡梗概，這些才是地方應被珍視、存在的關鍵點。試問，一個地方，縱使有再多累積，有再深的歷史紋理、潛藏的特色魅力，但如因過去拙於梳理，又憨慢詮釋，以致難以傳遞一個深刻又清晰的輪廓，那麼不僅外地人很難留下印象，地方的利害關係人之間又該如何凝聚共識？

可愛吉祥物，地域品牌吸睛戰術

讓地方能形象化，進而容易被認識、被記憶，創造更多的連結，是其中一個方法。從日本的經驗，常出現在各式場合，總是帶著有意義的造型及療癒的動作讓人喜愛的「可愛吉祥物」，就是廣被運用的地方代言戰術之一，其背後核心是「地域品牌」的概念，主動出擊，讓地方重塑一個嶄新的形象，跳脫過去的陳舊包袱，透過這樣的塑造來鏈結內外關係者。地方吉祥物界天王熊本熊是一個絕佳的案例，崛起於地方，走紅日本國內，甚至進軍國際，其所代言的日本九州熊本縣成爲最大的受益者。

吉祥物代言，加持地方記憶點

在日本各式的地方交流場合上，會因爲有可愛吉祥物的加入，使生硬的活動瞬間柔和了許多，也提高了地方辨識度，尤其有些明星級角色現身時，效應不輸給當紅的偶像明星。地方吉祥物元祖彥根喵，紅到每天在代言的彥根市會有固定表演場次，每年十月在當地還有地方吉祥物大會師，上百位來自日本各地的吉祥物，稱職當起地方的品牌代言人齊聚於此，宣傳各自的地方魅力，吸引了追逐吉祥物而來的數萬人潮。

期盼透過人們的喜愛與好奇心，願意多了解一下地方，甚至愛上那裡，這正是「地方吉祥物」在近十年，於日本蓬勃發展並被廣泛運用之主因，其威力也足以推翻「吉祥物只是跑龍套的活動咖」這樣的論點。

角色真實性，影響對地方的移情效應

一個成功的角色，不是單純可不可愛而已，重點在於其背後是否擁有敘事力，並能以此爲軸心持續延展下去，進而能突破時空的疆界與粉絲們無距離的互動、交流。有沒有想過，爲什麼他們要選擇這樣的造型作爲該地方的象徵？角色被創造的故事是什麼？背後想傳遞什麼樣的使命及價值？如果換成萬華，會是怎樣的角色？

在台灣，也已經開始以吉祥物作爲連結地方與人的中介體，像是台北的熊讚，高雄的花媽、高通通，台中的石虎家族，還有桃園的Ｙ桃園哥等，但角色的敘事力尚不足以打開對地方代言人的想像力，社會對於角色的眞實性，也無法有足夠的認知，目前還是從一次性「活動」的短線思考來操作地方吉祥物，而不是像日本是從「養育」的觀念做起，透過企劃力長期餵養。畢竟再可愛的吉祥物，也不是一開始就是大明星。

從他山之石，我們更加清楚工具不是問題，而是如何去用，如果願意花時間與精力來爲角色的眞實性努力，持續經營，讓吉祥物活靈活現地透過各式媒體存在著，才能期待人們從對角色的關注，產生對地方的移情效應。

創造力習作

一、二、三，深呼吸
三題三分鐘動動腦

Q1

請想想你對於一個地方的記憶點通常是什麼？食物？景點？風景？某個人？還是……？

Q2

你認為會讓你喜歡的角色，應具有怎麼樣的特性及特色？可愛？療癒？還是……？

Q3

你認為地方吉祥物就只是一個跑龍套的角色？還是你對他充滿著無限期許？

可愛吉祥物加持地域品牌

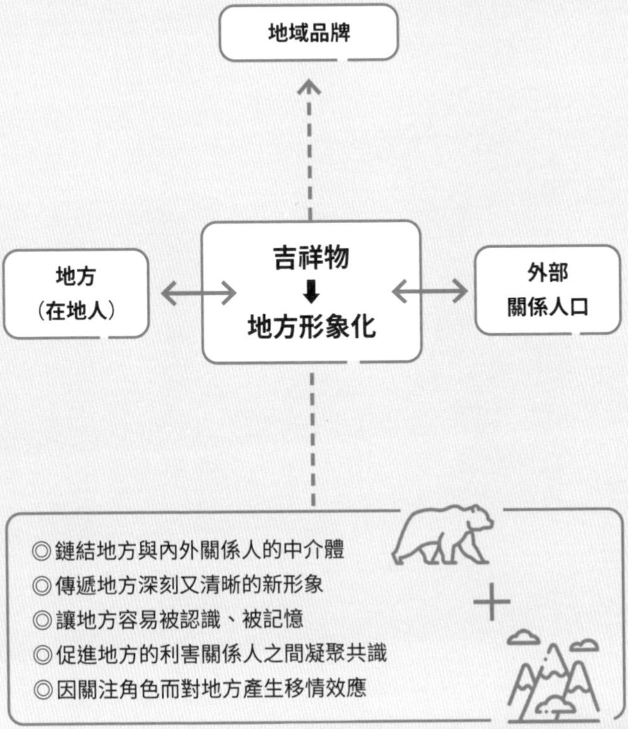
地域品牌
吉祥物
地方形象化
地方
（在地人）
外部
關係人口
◎鏈結地方與內外關係人的中介體
◎傳遞地方深刻又清晰的新形象
◎讓地方容易被認識、被記憶
◎促進地方的利害關係人之間凝聚共識
◎因關注角色而對地方產生移情效應

……

台灣地方吉祥物角色的敘事力與真實性不足，
多從一次性「活動」短線操作，
而不是用企劃力去長期「養育」。

PART 2

如何設計五感六覺

✧ 以人為本，回應潛藏需求
✧ 將意義，轉譯到體驗

在「體驗至上」時代，
如何創造貼近人心的極致體驗？

彷彿書寫劇本一般，
讓人在交會、互動當中深有所感，
甚至成就一段銘刻在心的際遇，
「設計思考」是你我必修的練習——

「如何設計五感六覺」以 17 篇觀察、可視化思維導圖，
對接各種生活與消費的應用場景，
從企劃、提案、策展、行銷到品牌體驗，
從質感服務、沉浸式體驗到充滿儀式感的設計，
體驗除了感受、感動，更充滿深刻的意義。

NO. 26

共感思維創造

✕

極致的服務設計，關鍵就在於帶上「同理心」

同理心　服務設計　人本設計
換位思考　以人為本　內部創新

講究功能，期待能創造絕佳互動體驗的服務設計（service design），簡單說，就是如何從服務需求者的立場出發，同時關照所有服務系統中的利害關係人的一種思維及手法；在過程中，講究如何巧妙透過有形及無形互動媒介配搭，創造完整、縝密且有效的服務歷程。因此從單點的服務接觸（touchpoint），靈活運用實體證據（evidencing），讓無形服務有形化，讓服務從點（接觸）到線（互動），最終到面（體驗），創造服務成功，達到共利共益的效果。

同理心：服務設計基石

服務設計以「利他」爲初心，其根本就是源自於同理心，這也是人本思考的首要之物，站在使用者立場行換位思考，透過脈絡梗概，進入他者的情境狀態，對於其眞實情緒產生共感，找出根本需求後，再理性地跳脫角色，思考自己能做什壓，以求解決問題並力求創造。

同理心與「使用者觀察」密切相關，養成「以身爲度」的能力，能有效提醒設計者或執行者在過程中，減少「我執」的出現，不受限於自身認知或刻板印象，而是更能站在以人爲本角度進行設計及創造。

回歸人性，服務創新

「安靜購物一小時」（Quiet Hour），就是在這樣脈絡下，所創造以同理爲中心的服務創新案例。紐西蘭大型連鎖超市Countdown，從二〇一九年十月起，在該國各分店推出每週一次的「安靜購物一小時」方案。在這一小時中，全超市轉入「低感官」模式，燈光調暗，音樂播放關閉，收銀台結帳的嗶嗶聲改靜音，手推車整理和補貨上架控制在最低限度，而且除非緊急狀況，也不會有店內廣播通知，把購物環境一般會有的感官刺激，試圖降至最小幅度。

這個內部創新的行動，源自於有自閉症孩子的超市員工，從自身經驗出發的同理心。多數自閉兒對感官刺激過度敏感，一般人習以爲常的超市環境，對他們卻可能感官超載，因不適而無法控制地表現出激烈的情緒和行爲，因此對自閉兒和同行的家長來說，上超市往往令雙方精疲力竭。這項來自內部員工的提案，在特定店試行一年過後，受到社會好評，偏愛安靜購物的顧客也能受惠，而後決定擴大辦理。

從表面上看，這是超市犧牲營業坪效的自殺行爲，但背後充滿了愛、溫暖及群體共感。僅僅一個體貼友善的起心動念，一點小改變，就能增進理解，創造更富包容性的空間，也爲實體商店的存在，找回絕對的必要與理由。誰說超市只能不斷的往科技端走，追求無人商店、機器人服務、智慧化……從這個例子看到「回歸人性」的一種可能，不要小看這一小時，對許多人來說，這樣提供而出的體驗，對他們無比重要，讓他們重拾購物權。

練習換位思考連結

話說回來，不是每個服務設計案都能如這般來自親身體驗，因此同理心的培養更顯必要。最容易做到的一個方法是，無時無刻進行換位思考連結。譬如，遇見路邊舉牌的工人，就試著進行換位練習，讓自己進入到「他者」的情境，自問爲什麼他會在那邊？他的生活會是怎樣的狀態？在心中建構想像的藍圖，然後站在他的角度，思考他每天工作可能的情況，他會有什麼樣的想法？當然這個步驟還停留在自身換位，若能加上實際的訪談與觀察會更好。接下來，則不妨想像自己是一個社會設計師，你會爲他做什麼？

這樣看似自作多情的歷程，其實是一種能快速展開的同理心建構練習，只要持之以恆，同理心一定能提升，幫助你更能掌握使用者端透露的線索。

創造力習作

一、二、三，深呼吸
三題三分鐘動動腦

Q1

你認為一段堪稱優良服務，需具有哪些特點？

Q2

關於「安靜購物一小時」，純粹是體貼員工的特別服務嗎？還是……？

Q3

你是否在協助他人之時，能快速且主動地進行換位思考？

服務設計從同理心的練習開始

服務設計
SERVICE DESIGN

- 功能性
- 利人

◎ 從服務需求者的立場出發
◎ 關照所有服務系統中的所有利害關係人
◎ 透過有形、無形的互動媒介，創造縝密且有效的服務經驗
◎ 讓無形服務有形化，達成共利共益

發揮同理心

◎站在使用者的角度換位思考

⬇

◎透過脈絡，進入他者的情境狀態，產生共感，找出真實需求

⬇

◎理性地跳脫角色，思考如何解決問題並創造

……

服務設計以「利人」為初心，其根本就是發揮同理心，
這種「以身為度」的能力，
與使用者觀察密切相關。

NO. 27

感質需求創造

×

假日全家逛 OUTLET，是期待便宜，還是享受「體驗」？

體驗設計　體驗　狩野模型
魅力品質　一元品質

台灣的OUTLET（暢貨中心）通路模式，已經出現很大轉變，幾個知名大型OUTLET，都標榜複合式經營，令人耳目一新。它們究竟如何施展集客魅力？只憑折扣優勢嗎？

從常用來評估服務品質的狩野模型[1]來看，一所賣場能提供優質商品，優惠價格，滿足對於造訪的需求，就充分達到對於一元品質（One-dimensional Quality）的期待。而當服務提供方能進一步透過無形的服務細節及環境氛圍，創造出更令消費者感到驚喜難忘的接觸內容，達到魅力品質（Attractive Quality），這段難忘的體驗或超越期待的服務，將成爲未來持續造訪的重要理由，而這正是「體驗」所能創造的獨一價值。在此，讓我們以位於桃園機捷林口站附近的林口三井OUTLET爲例，從消費者角度出發，探索其提供了怎樣的「體驗」，引發造訪慾望。

撇開「折扣」這個核心價值不談，光從軟硬體

1 狩野模型：Kano Model，又稱為「二元品質模式」，由品管專家狩野紀昭先生於一九八四年提出，用以劃分產品品質的層次，並分析產品功能與顧客滿意度之間的相關性，從而以找出提升及改善的切入點，這樣的觀念後續被用在服務品質領域以提升顧客整體體驗。亦參見本書 38〈準則之外的創造〉。

設計，就有許多可觀之處，而所謂的「體驗」，便是由這一連串的細節，加總建構而成，而這也形成了場所的魅力。

讓人有感的設計，創造超越期待的服務

硬體空間上，除保有OUTLET一貫的寬敞性，還創造多面穿透的天井，雖然減少二、三樓可用的面積，卻讓人們在遊逛過程中，少去壓迫感與封閉性，一放鬆就願意多停留。而商場多層次的空間感，不僅視覺上更開闊，也增加許多接觸點，讓遊逛者增添對樓層的好奇，增加造訪率。

考量人群的需求以及遊逛的節奏，在雙向廊帶間，設計多處廣場，讓人更能自在逗留，而中間處的戶外廣場，搭配周邊綠樹、瀑布等各異其趣的造景，企圖創造一種非日常感。這樣的設計背後，帶著某種程度的創新，想吸引並改變人們過往前往OUTLET的行爲：原本是有需要才來，扭轉成爲有事沒事都來走走，這是個可讓你透氣換心情的園地。

在軟性的部分，應該與三井具日本血統有關，總能在細節處體現其細膩，從中也可看出對於顧客的設定，並企圖透過這樣的服務內涵來提升顧客心佔率。在空間營造上，採用低調對比色系，創造出一種時尚感，搭配日系的字體看板，明亮的燈光，創造出高感度的氛圍風格，猶如置身東京新宿高檔百貨商場。

環境中也藏著諸多細節，包含提供泰文在內的多國語指標，在餐廳用餐，有螢幕提供即時航班提醒，可看出積極經營成爲旅客「登機前最後一站」，以取代航廈內免稅商店的企圖，從區位優勢而言，具有相當競爭力。

因位於人口高成長的林口區，親子客群絕對是鎖定目標。賣場提供可自主借還的嬰兒車，一旁還貼心準備濕紙巾，用餐處規劃低矮座椅專

區，提供給有幼兒者使用，彌補過往美食街難以設置幼童用椅之憾，並特別標誌有販售嬰幼商品的店家，對於親子客群的體貼及友善，展現在這些細膩的安排之中。

林口三井OUTLET透過這些讓人有感的設計，提供超越期待的設施及服務，撐起販售非當季商品店家的質感，讓消費者在遊逛時，因接受到高感值的內容而忘卻身處OUTLET當中，潛移默化改變認知，而品牌也不至因此折損其價值，反而透過這個平台，讓消費者有機會認識並採用，最終品牌、三井及消費者之間，形成一種共榮共益的消費生態系。

創造一段美好體驗，提供超乎想像的服務，正是OUTLET需抱持的精神，以創造差異性。當然，如何精準有效傳遞服務價值，讓客群能真正感受到並認同，持續回客，將是不間斷的挑戰。

創造力習作

一、二、三，深呼吸
三題三分鐘動動腦

Q1

請問你過往前往賣場或量販店的經驗，會期待有超乎預期的體驗嗎？還是認為是奢望？

Q2

當眾人認知量販店就是販售「便宜」這個價值，當廠商能創新，會強化你的黏著度嗎？

Q3

怎麼樣的賣場空間，會讓你想一再造訪？

創造美好體驗吸引客群

賣場

◎優質商品，優惠價格
◎讓人有感的軟硬體設計
◎超越期待的設施及服務

✓ 透過服務細節及環境氛圍，創造出令消費者難忘的接觸內容
✓ 精準有效傳遞服務價值，讓客群能真正感受到並認同

消費者

◎顧客獲得超乎想像的細膩服務，擁有一段美好體驗
◎願意再次造訪

……

體驗，是透過軟硬體設計的服務細節加總而成，
當服務提供方創造出讓人難忘的互動經驗，
令人感到驚喜與愉悅，從而引發持續造訪的慾望。

NO. 28

精準行銷創造

×

唯有精準對焦「共鳴共感」，才能成就體驗設計

體驗設計　人本設計　企劃力

「身處體驗至上的新時代，如何能建立體驗的思維？」這是從事設計策略工作，必須不斷反覆思考的課題。貼心的感性互動，劇場感的情境形塑、儀式感的意義創造，或帶著些許非物質性，就可以稱爲體驗設計嗎？如果不是，那又會是什麼？

二〇一九年一月，位於台北市信義商圈的微風南山店開幕，這間有著微風基因的商場，本次最大亮點，應是從日本迎來祕密武器——atre（艾妥列）商場。有著日系血統的atre隸屬JR東日本集團，在日本以專營人潮匯流車站購物大樓潮流商場，在東京擁有超過二十家分店，對常常赴日的台灣人而言應不陌生。這個與車站共構而成的商場，本身設定十分明確，就是提供產品服務，以滿足終日往來的通勤族們，滿足移動轉換之間的目的性需求。

順應場所精神，觸發遊逛驚喜

atre是這樣對應轉乘人潮需求而生的商場，當消費者僅有一點碎片時間，如何精準快速提供服務，往往在限制條件背後，隱藏著利基。在營運初期團隊清楚意識到，須就這樣的特殊性力求量身打造，於是有了百貨公司之豪華、骨子是雜貨店的atre，感覺是種當代巨型商場發展極致下的返璞歸眞。但當逛慣了多選擇性的賣場被因此縮減了，接下來的挑戰，就是如何讓在裡頭的人不感到無聊。

強大的「企劃力」於是成爲決勝關鍵。抓住場所及人群的「流動性」，順應著場所精神，觸動消費者的神經及好奇心，即使單次停留時間不長，但每次都能有驚奇的新發現，長期累積下來，將會從目的性購買，轉爲將場域遊逛視爲有趣的日常活動，這就是atre存在且被需要的價值。

好的體驗：滿足需求、超越期待、創造意義

微風南山的atre，不僅是海外首家店，也是第一家非設置於人群轉乘頻繁處之店型。邀集五十餘家台日品牌進駐，打出「SLOW TIME, SLOW LIFE」概念，企圖打破過往百貨樓層單一屬性的慣性，而台灣消費者會不會有種說不上的違和感？爲什麼餐廳、家電商場、藥妝店會同層出現？這樣的規畫邏輯，如果存在於車站型店，誠屬合理，出發點在於滿足目標客群無法多所停留，卻又需要完成一些待辦事項，但這跟人們過往前往百貨公司，在心情及時間上具餘裕有所不同。當atre無法充分讓消費者感受到設計背後的思考，有再好的空間和商品，都仍有缺憾。

何謂「體驗設計」？不同人心中，存著不同的理解與解釋。也許可以先來討論「體驗」兩字，所謂的體驗，泛指一種非常態的互動，結果能創造滿足期待及深刻美好的經驗，足以讓人回味不

已。如果依循這樣的詮釋，那就不會只是一款體驗感「還不錯」的服務及產品。關於「體驗設計」的核心，應是以關照目標群體需求爲始，最終不僅滿足需求，超越期待，更創造意義。

以人為本，讓使用者對設計有感

由此反思微風南山atre，可視爲一處絕佳體驗設計的商場嗎？或許是少了一點對焦，欠缺一點溝通，看似提供具氛圍的空間、具體驗感的內容、諸多新商品及新概念的巧思，但最終使用者未必眞正有感。回歸人本角度，爲誰而準備，爲何而創造，希望創造什麼感受，當手中拋出的球，能俐落的滑進手套，才是眞正絕妙的「體驗設計」。

創造力習作

一、二、三，深呼吸
三題三分鐘動動腦

Q1

你是否曾經經歷過一段難忘的體驗，深刻的記憶來自哪個環節？

Q2

如果你是atre的台灣區總經理，你會做怎麼樣的改變？

Q3

日本企業來台常出現水土不服的情形，你認為關鍵問題為何？

創造體驗設計的核心思考

❖**體驗**：泛指一種非常態的互動，結果能創造滿足期待及深刻美好的經驗，讓人回味不已。

體驗設計

◎以關照目標群體需求為始
◎滿足需求，超越期待
◎創造意義

✓ 營造場所精神
✓ 抓住使用者的特殊性與需求，量身打造服務內容
✓ 讓使用者充分感受到設計背後的思考
✓ 透過企劃力持續觸動使用者好奇心

使用者

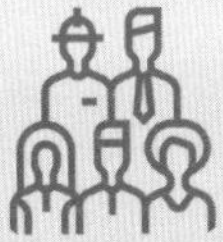

……

體驗設計須回歸人本角度，
思考為誰準備、為何創造、希望創造什麼感受，
精準對焦與溝通，讓使用者真正有感。

NO. 29

情境互動創造

×

你搭的不只是火車，而是走進了精心佈下的「劇場」

體驗設計　人本設計　服務設計
地方觀光　鐵道活化　體驗劇場化

日本九州宮崎縣的高千穗町是一座具有悠久歷史的觀光小鎮，在利用廢棄的交通連結鐵道規劃出小火車之旅後，爲這個老觀光景點注入新魅力。很多地方都有小火車遊程，這裡到底有什麼不一樣呢？

這趟三十分鐘的旅程僅五公里，可一覽「高千穗絕景」，起點設在高千穗駅，載客的是兩節改裝軌道列車，一天十班次，每班次限量十八席。上車時間一到，一位老爺爺司機員親切且充滿朝氣的招呼遊客上車，就緒後，響起汽笛聲，提醒大家務必坐穩，隨即緩緩出發。由於這種軌道車是採露天方式，軌道爲高架設置，因此壯闊的森林與高千穗地景淨收眼底。

一開始，司機爺爺並未馬上嘮叨的介紹，而是選擇留白，僅簡單告知安全注意事項。幾分鐘安靜的空檔，可以讓人先熟悉一下空間，感受周邊的環境。然後，導覽才開始進行。

從人、物、境、互動，鋪陳體驗亮點

第一個驚奇，是進入隧道，當一片漆黑只剩車頭燈照明時，駕駛座旁朝向前方射出光束，直直打到隧道上方牆面，映出如同萬花筒般的光點，頓時讓過山洞的體驗，不再黑暗、無聊、害怕，而是沉浸在繽紛夢幻的氛圍當中。

列車繼續開往著名的高千穗森林地帶，沿途宛如被一整片綠色畫布包圍，當開到高千穗鐵橋中央時，停了下來。如果膽子大，往下方看，是相距一百零五公尺的溪谷，像我一樣有懼高症的乘客，應該感到相當不安。這時，司機爺爺竟然高高站了起來，手上拿著類似水槍的泡泡製造機，泡泡就這樣隨著微風漫天飛舞。一個尋常不過的兒童玩具，在這個充滿不安全感的節骨眼上，發揮了扭轉情境、創造美好體驗的效果，遊客的童心瞬時被揭起，原本的緊張情緒被轉移，一舉成爲旅程中最令人驚喜的片段。

正當每個人露出滿足笑容之際，司機爺爺沒有閒著，他先將泡泡機交給一位小朋友，囑咐他不能停要繼續工作喔，繼而開始主動幫遊客拍照留念。然後，他才再度打開麥克風解說這座橋與周邊風光。接著小火車繼續往前開到盡頭處，隨後就回頭行駛。回程十幾分鐘的路，司機爺爺沒有再進行過多的解說，讓旅客可以各自將剛剛錯過的一景一物，再做一個完整回顧。

以使用者思維，精準設計接觸點

這半小時的小火車旅程，完全是以使用者思維進行規劃與設計，整段體驗，在人（司機員）、物（泡泡機）、境（隧道、大自然）及互動（泡泡、光線）間，交織出微妙的情境，從顧客的角度，掌握旅程中每一個接觸點的反應，透過簡易的道具，細膩且精準的將互動元素妥善安排，創造出驚喜，不只滿滿的用心，更可說是爲體驗創新，立下相當好的範例，令遠道而來的遊客備感難忘。

火車的操作由一位銀髮族爺爺來擔任，也是相當好的設計，因爲年齡在此是一個絕對的正向指標，象徵著具有相當的經驗，讓旅程更富安定感。在三十分鐘遊程中，司機爺爺時而拿起麥克風導覽，時而保持靜默，熟練的操作機具，但從沒忘記露出笑顏，並表現出元氣十足的模樣，是整個旅程的靈魂人物。因此服務提供者能否在整個服務過程中，好好扮演他的角色，的確關係著體驗的成敗。

旅遊不是比人多、比規模大，而是如何透過創新體驗模式，來創造亮點，扮演地方活化催化劑的角色，讓服務設計的精神創造出以人爲本的體驗，只要提供的體驗令人難忘，旅客就會受到召喚，願意千里迢迢造訪。

創造力習作

一、二、三，深呼吸
三題三分鐘動動腦

Q1

這是一個舊鐵道觀光化的例子，你知道台灣有類似的案例嗎？

Q2

既然無法開火車，那就開小火車，但如何讓短短的遊程充滿記憶，這樣一路，他們做了什麼？

Q3

好的服務就如同是一場有默契及溫度的劇場，你認為哪一個環節是關鍵？

旅遊體驗劇場化的四大亮點

人

◎服務提供者是關係體驗成敗的靈魂人物

互動

◎細膩且精準的安排互動元素，創造出驚喜

❖以使用者思維進行體驗設計，讓所有元素交織出令人難忘的互動情境

物

◎透過簡易道具，掌握運用時機，來創造體驗亮點

境

◎從顧客的角度，掌握旅程中每一個接觸點的反應

……

旅遊不是比人多、比規模大，
而是要透過創新體驗模式，創造令人難忘的體驗亮點，
吸引人造訪，催化地方活化。

NO. 30

修身養性創造 × 其實教的不只是游泳，而是一種「態度」、紀律與人生

體驗設計　共感設計　服務設計　利害關係人　創造連結　紀律　氛圍形塑

在台灣，有家從日本傳入的游泳學校「伊藤萬」，以連鎖經營模式，打出『游泳』是實現人生夢想的第一步」爲理念，期待孩子透過學習游泳，激發圓夢潛力。這樣的教育初心，有別於一般對於游泳訓練班的認知與期待，不就是負責教會游泳的技能就好了嗎？

但大家往往忘記了，當使用者與消費者是不同人，必須吸引消費者的認同，尤其在原本的功能性賦予外，加入其他的附加價值，才能有效驅動消費者購買的決策動機。

為功能性學習創造附加價值

原來「學」游泳，可以不只是「會」游泳。除了練就水性，在整個學習歷程中，還可有意識的培養學習者挑戰未知的勇氣，鍛鍊鍥而不捨的堅毅，是一項超乎預期的學習投資。如果整個設計能貼近學習者，進行同理設計，讓學習不僅賦予

更深層意義，過程更規劃細膩，充滿趣味性，這樣既無痛（不感到痛苦），又有效（一定能學會），感愉悅（不感到勉強），能持續（不放棄精進），不正是一直追求的泳訓教育核心？

將利害關係人納入體驗設計環節

如果你有機會造訪該游泳學校的任何一所分校，只要一踏進大門，就會從設置在上方的音響處，聆聽到一陣陣日式教育慣有的專屬打氣歌曲，隨著高昂有朝氣的樂聲，被感染活力。走進內部，是一座硬體相對完善的專業游泳池，並設置各式防護措施，確保高安全性，周邊附加設施，包含保育、遊戲、閱讀、等待空間等，讓游泳前後的等待空檔，能有更愜意的安排。

另外，還別出心裁的在泳池橫邊設計了大面玻璃，可相當清晰地看到場內的一舉一動，等待者雖然未下水，一樣能從旁建立自己的事件參與。等待區也有冷氣及舒適座椅，讓人可以在安適環境下從容等候。別忘了這群人，往往是決策的重要利害關係人，而這樣的看顧，其實就是體驗設計的關鍵。

透過有形機制，催化進步動力

另一個與一般泳訓班的關鍵差異，在於每一位入學者，都會收到的「水夢學習手冊」，可從此窺看所設下的學習體驗設計。這個冊子給人的第一個感覺是怎麼那麼薄，設計成活頁夾，代表日後還有許多資訊可增補。

「水夢」的存在，有三大功能，首先，是游泳課本，並且傳達「游泳不只是游泳」等精神層面的內容。第二個重點，是二十五分級制的教學設計，透過「有形的晉級制度」，讓孩子、家長都能清楚感受到學習正在進步。每一回合會發一張卡片，而每一關有嚴格的測驗重點設定，在完成一關後，才會發第二張卡，如此循序漸進，依照程度分班授課，讓進步看得見。而每一張分級卡，既是學習的指南，也留下生理資料等成長紀錄，只要通過特定關卡，還提供獎品，如此遊戲化的機制，對於學齡前或國小的孩童有極大的吸引力，構成無形的驅動力與自信心。最後，這個冊子也可用來搜集紀念照片，並記錄每次的成績，成爲學習之外，搜集記憶與激勵前進的神器，看似微不足道，但其實在整個學習歷程中扮演推波助燃的角色。

「伊藤萬」不只想教會游泳，還想要額外創造更多的價值，包含禮儀在內，因此你會在每班下課後，看到一群人在出口前，應教練的要求，大聲面向練習場所說聲謝謝，雖然動作生嫩，但可看出機構想要承繼日本流的「道」。而所有這一切細節關照，就是一套被設計過的體驗。

創造力習作

一、二、三，深呼吸
三題三分鐘動動腦

Q1

為什麼一家游泳補習學校，不只想要教你游泳而已？

Q2

在過程中創造儀式感的背後，有額外增加了什麼樣的價值嗎？

Q3

你能體會學習一項新技能，往往感到最為艱難的部分是什麼？

把學習設計成一套體驗

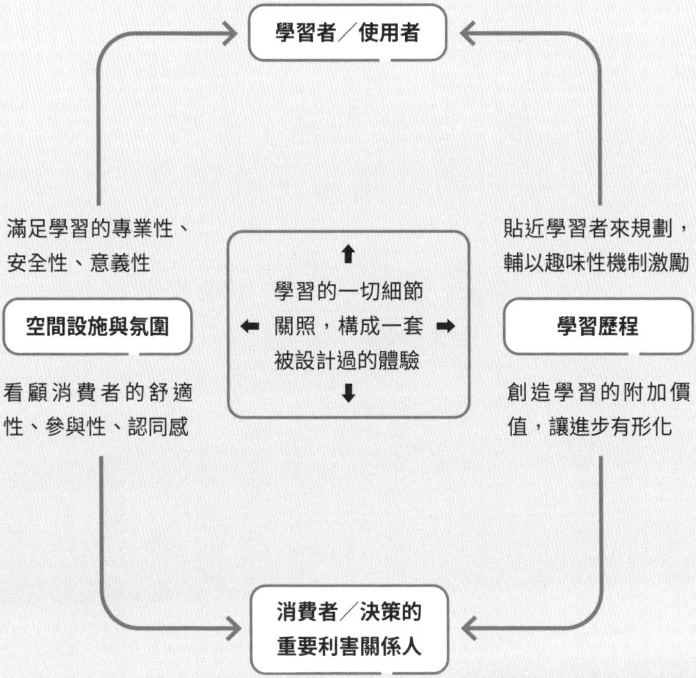
學習者／使用者
滿足學習的專業性、安全性、意義性
空間設施與氛圍
看顧消費者的舒適性、參與性、認同感
學習的一切細節關照，構成一套被設計過的體驗
貼近學習者來規劃，輔以趣味性機制激勵
學習歷程
創造學習的附加價值，讓進步有形化
消費者／決策的重要利害關係人

……

當使用者與消費者不同人，必須吸引消費者的認同，
在原本的功能性外，加入其他附加價值，
驅動其購買的決策動機。

NO. 31

客群尊榮創造 × 一個「家庭餐廳」品牌，如何創造體驗逆轉勝？

體驗設計　服務設計　流程創新　顧客洞察　行銷

絕佳的體驗設計，不見得要很特別、很高檔、很喧鬧虛華，它可以很平易近人，很恬靜溫馨，只要透過流程創新改善、深度顧客洞察，專注細節脈絡，就能體現在尋常之中。

在台灣已相當普遍的日本連鎖家庭料理店Yayoi（彌生軒），在日本國內走的是平價路線，就如同台灣隨處可見的自助餐一般親切。但當品牌走到國外，總會隨著市場情況來進行定位微調，因此在台灣，改走非天天可上門，但又不至於到昂貴之都會區三、四百元中價位，初期一度以提供日本進口米飯爲特色，並可續碗，藉著差異化，成功打響名號。

而當你有機會走入任何一家分店，在與餐點接觸前，就會先對其明亮通透的空間感，留下深刻的印象。不同於一般家庭餐廳慣有的溫馨風，店內以金黑色系爲主調，搭配大面積、由原木板材所構建的裝潢，流露出高感度洗鍊風格，這樣的印象有一點點豪華，或許可稱爲一種大人感，甚至有種彷彿走進高級日本料理店的主觀錯覺。

體驗建立於軟硬體細節上

能有效與傳統家庭料亭之昏暗傳統感，及相近競爭對手所維持之日式料亭獨有隔間感，進行區隔，從空間氛圍、品牌調性，可清楚知道，彌生軒所打造出的風格，是要對應都會區，對於質感相對講究的粉領上班族以及年輕的家庭。因此，在此所謂的體驗，是能對應這個群體的需求，提供高於日常期待的環境及設施，創造超乎預期的舒適感。

在服務上，清一色採用年輕的服務人員，進行引導及侍餐。點餐則引進點餐系統，透過桌邊的固定式i-Pad機讓個人進行點餐，而且介面提供四國語言。系統的易用性達到相當的水準，不僅減少點餐送單之時間差，讓廚房能快速啟動備餐，消費者也能即時得知餐點準備情況，減少等待的焦慮感。而透過系統，能隨時呼喚服務人員，不用擔心舉手不被看見。點飲料也可以選擇餐前或餐後出，看似微不足道的設計，更能顯示所謂體驗，往往建於細節之上，貼近顧客用餐慣性，最終透過系統，讓服務得宜展開。

至於座位規劃，也隱含著由營運經驗而來對需求的覺察。爲對應都會區獨身族群增加的時代趨勢，在店裡設有一人座的獨立用餐區域，不少分店還特別在店內的中間位置擺放大長桌，除了可靈活安排來客，合宜的高度，還能滿足輪椅族朋友比鄰而坐、共同用餐的空間需求，是相當聰明且貼心的設計思考。

行銷戰術製造驚喜感

提供一定品質的餐點，滿足顧客的預期心態，是品牌長期以來的做法，穩定的背後，出自精確的標準化，值得安心及信賴，當然也代表著不會超乎預期，但這樣還能創造體驗的驚喜感嗎？當然可以。譬如，品牌曾推出兩個促銷方案：暑假兒童餐五折；評價最高的定食餐點降價優惠。爲什麼會有這樣的行銷戰術呢？如果深層去思考，暑假小朋友多，所以透過折扣來禮遇小朋友，讓家長更喜歡帶全家來聚餐。而最熱門的餐點，可能一向就是常客的萬年必點，因此降價是一種回饋，也是一種慰藉，讓忠實顧客更忠實，讓新顧客可以毫無懸念的選擇店內的招牌料理，認識品牌就從經典開始。

綜合這些看似平凡微小的細節，從空間、人員、餐點到服務，共同構建出的總體內容，所代表的就是品牌想要傳遞的核心內涵。無論稱之爲平價奢華，還是物超所值，這樣的內容提供背後，隱含著體驗設計的核心思維：深刻了解你的顧客是誰，款待你的顧客比他預期的高一點，讓他感到意外並且有感。

創造力習作

一、二、三，深呼吸
三題三分鐘動動腦

Q1

對於你來說，外出用餐，除了餐點符合價位預期之外，空間及環境呢？

Q2

過往台灣總是給親子或家庭餐廳一個鮮明的既定印象，而你認為彌生軒的做法是找尋一個新利基市場嗎？還是純粹陰錯陽差？

Q3

品牌適時的調降價錢，尤其拿出招牌餐點，對你來說會直線增加好感嗎？

透過體驗傳遞品牌核心內涵

◎貼近顧客需求，從細節共同構建出的總體內容，
所代表的就是品牌想要傳遞的核心內涵

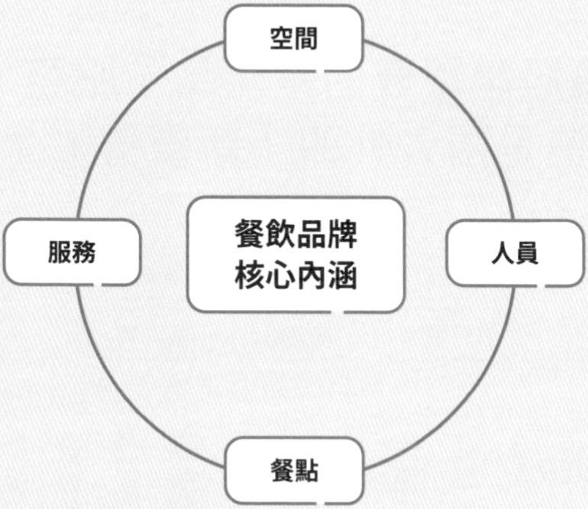

落實體驗設計核心思維

◎深刻了解顧客是誰，對應其需求
◎提供高於日常期待的環境及內容
◎讓顧客有感

……

絕佳的體驗設計，可以很平易近人，
透過流程創新改善、深度顧客洞察，專注細節，
就能體現在尋常生活中。

NO. 32

意義消費創造 × 頂級體驗賣的是產品、服務，還是兩者外的「新價值」？

體驗設計　服務設計　意義消費
場所精神　米其林　儀式感

到底怎樣的服務內容，堪稱「頂級體驗」（premium experience）？如果是飲食文化，米其林指南，應該就是一個具權威性及高度共識的指標。二〇二一年全球僅一百三十二家餐廳獲最高榮譽三星肯定，君品酒店的頤宮中餐廳（Le Palais）是台灣唯一連續四年榮獲三星，就讓我們從中窺看其體驗設計的思維及實踐。

「三月十四日米其林指南頒獎當天，我把冷凍冰箱的電線全部剪了……」過去出自君品酒店總經理的這句話，反映出得獎後的壓力及要維持品牌榮譽的決心。譬如，從冷凍蝦改爲新鮮活蝦，從進口蘆筍變成產地現採，把餐廳座位減少四分之一，但內、外場人員都增加。追求品質不墜，並持續精進，換來的就是營運成本的大幅增長。

「頤宮」是中式餐廳，卻有著一個法文名Le Palais，呈現了想融合中法兩個飲食大國美好基因的企圖心，在場域中融入的東西方元素，交錯的素材使用取得良好的平衡感。而頂級餐廳該有的隱密性，賦予空間獨特的氛圍與層次感，讓到來的饕客們都能帶著「遊園」的情緒，應該是空間設計者想營造並傳達的意念。

從細節入手，創造體驗內隱意義

抵達餐廳後，服務人員會先行引導用餐者前往茶區，這是在獲得三星肯定之後新增的服務。在正式入席之前，先由專業的侍茶師講解風味，提供八款茶飲選擇，並就餐點菜色預作推薦，體現「餐與飲」搭配之妙，也創造出獨有的儀式感。

入席後，隨即遞上毛巾，這非一般濕巾，而要由服務人員一一在上頭澆水，製造出瞬間膨脹的驚喜，象徵著「遇水則發」。上頭的中藥香，讓嗅覺覺醒，接著提供洛神花醋以便用餐前開胃，而後餐點依序上桌。

設計記憶點，提供尊榮享受

每間優秀的餐廳，都會存在經典一品，鎮店之寶「火焰片皮鴨」就是這樣的料理。採用桌邊料理，讓上菜如一場表演，服務人員會提醒賓客等等有幾秒鐘拍攝空擋，待大夥做好準備，廚師將特製橙酒淋上鴨身，隨後點火，整隻鴨瞬間籠罩在火光之中，十分戲劇性，創造了充滿記憶點的瞬間。整體的用餐流程流暢，不時會有領班人員親切詢問口味及分量，力求賓主盡歡。

在用餐即將結束之前，服務人員送上精緻的茶包作爲伴手禮，並在門口米其林寶寶及米其林三星獎牌處，爲賓客留影紀念，考量到餐廳燈光狀態，還體貼協助打光，以確保拍出來的每一張照片，都能是絕佳狀態。而細心周到的安排，透過賓客的社群媒體分享，又是品牌推廣的利器！

持續精進，滿足意義消費

爲了提升整體服務及餐點品質，所換來人力物力成本的大幅增加，將反映在定價策略及顧客分群上。爲追求品質犧牲容納量之際，順勢導入全訂位制度，提升服務成功率，創造一種正向的循環。持續精進，確保服務穩定，不僅有利於維持品牌之不墜，也能讓熟客產生高信任感。

那麼下一步還可以怎麼爲頂級體驗加持呢？

我想絕對是要想辦法，讓用餐能創造多一分獨有的意義，也許是一種身分地位，一種品味彰顯，或是一種價值觀展現等，因其所創造的內隱意義，讓這樣的存在更顯獨特非凡。

可想而知，頂級服務提供者，勢必走向一條與自己競爭之路，持續爲這個消費者終將追求「意義消費」的未來做見證，創造超越物質表徵的價值，展現極致體驗之上乘。

創造力習作

一、二、三，深呼吸
三題三分鐘動動腦

Q1

你認為所謂「頂級體驗」，指的是餐點，是服務，是兩者，還是其他？

Q2

當消費是因某個意義而來，這時候顧客的行為會有何不同點？

Q3

從你過往的經驗，一段美好的體驗可以營造出怎麼樣的「儀式感」？

頂級服務背後的細節創造

品牌創造頂級用餐體驗

◎講究場域獨特性、隱密性、舒適性
◎絕佳餐飲品質
◎賦予料理記憶點
◎塑造用餐儀式感與意義
◎提供超乎預期的驚喜
◎細心周到的服務

持續精進，確保服務穩定

✓ 增加人力物力成本以提升整體品質
✓ 在定價策略及顧客分群上順應成本調整
✓ 犧牲容納量，導入全訂位制度，提升服務成功率

◎維持品牌不墜
◎顧客產生高信任感
◎創造正向循環

……

因應「意義消費」趨勢，品牌應為體驗創造內隱的意義，
讓其存在更顯獨特非凡，
賦予超越物質表徵的價值。

NO. 33

體驗真實創造

×

你以為「科技」可取代傳統，但遊樂園似乎還給不起？

遊樂園　真實感　體驗設計　連續性

峰終定律　科技　VR（虛擬實境）　AR（擴增實境）

想到「遊樂園」，你腦海中會浮現什麼畫面？無論時空如何轉換，唯一不變的是，這是個歡笑滿溢、感動窩心、驚喜製造、回憶滿滿的場所。不過，隨著科技娛樂增加，會不會使遊樂園面臨末日？還是創造更爲多元的體驗？

在鄰近竹科生活圈的苗栗頭份，有一座標榜不用風吹日曬的「全室內」體驗樂園——尙順育樂天地，解決許多父母過往陪伴的痛點。園內與多媒體娛樂大廠智崴資訊合作，高比例採用最新VR／AR等技術，有多處強調互動式的沉浸穿梭劇場。只要搭上載具，戴上3D眼鏡，隨著聲光設施，就能完成瞬間移動的渴望，超脫時空的限制。看似天方夜譚，因科技都成爲可能。而且爲求體驗的逼眞，更創造出各式不一的體感特效，感受到風吹、水霧、氣味等。

而這樣的體驗，是否眞實？可從兩個角度來看。首先是硬體設備，傳統遊樂園，故事依舊超現實，但總是搭建起擬眞的場景物件，讓遊客乘坐實體載具，搭配聲光設施，在園區中進行接觸與互動，儘管創造出的效果，可能比不過現今高科技所創造的精彩，但所謂眞實，來自於具象可觸及的一切。

互動的連續性，影響體驗滿足感

另一個角度，當我們對體驗的衡量，來自於「眞實感」的濃度，如此一來逼眞與否，就顯得重要。因此，透過技術的支援，讓感官間的互動，畫面的原眞性，緊湊的劇情感，都經過縝密安排，即使知道一切出自尖端技術下非常態的虛假，但至少當下的直覺感受，是充滿濃郁情緒的高感度，而這也標誌著先進科技的體驗樂園，存在並被需要的理由。但當穿越時空大冒險的體驗一結束，眼鏡取下，瞬間返回現實，剛剛發生的一切，剩下一絲體感記憶，但未能從任何的實體證據，找到存在的痕跡。

讓人驚訝的是，園區中最熱門的是一座造型溫馨華麗的旋轉木馬，這也是全區最充滿歡笑的地方，孩子們與父母相互陪伴。也許諷刺，但這樣的結果是不是代表著「科技並非遊樂園的未來」？

我想絕對未必，關鍵在於體驗設計，需建構在一種連續性的互動感上。老實說，過程中的感受都不壞，在精心打造的內容及劇情中，極短時間內就能讓感官刺激達到極致。不過，體驗的高峰雖然存在，但在過程的前後，出現了缺口，當情緒無法有個緩衝，發生斷裂，就造成未滿足感的存在。

人性化詮釋，設計有餘韻的體驗

請回想我們過往的遊樂園經驗，搭乘之前排隊時的期待，過程中觀看乘坐者們的興災樂禍，

1 峰終定律：Peak-End Rule，指的是一段再扣人心弦窩心入裡感動掉淚的體驗，通常健忘的人們往往只會記住兩個段落，那就是體驗的高峰（可能是正面或負面），還有結束前的最後感受。因此提醒我們的是，如果在資源有限的情況下，怎樣好好探究「峰終」兩個關鍵點，用最大的力氣來投注並滿足，而行有餘力才將能量注入全體驗的每一個環節。

而活動體驗過後，也許你會停留下來看自動拍攝系統所留下的影像紀錄，整個過程中與同儕或親人的互動，最爲眞實且珍貴。因此，如果整個搭乘的體驗，僅止於搭乘那個片刻，那種油然而生的斷裂感，終將造成缺憾。就如峰終定律[1]所言，人們的體驗記憶好壞，取決於高峰和結束時的感覺。

有前奏、有高潮、有尾韻的乘坐經驗，才堪稱一段絕佳體驗，至於「科技能否引領遊樂園的新未來？」，我想答案是絕對可以，但關鍵在於能否掌握人性，過程能否提供淋漓盡致的體驗，能否讓同行者能彼此互動，並讓體驗有起承轉合。重點不在於體驗是否具高強度，而在於能否貼近本心，讓人在整個體驗過程中充滿情緒，而結束後看似不起眼的餘韻，所造就關於體驗眞實的人性化詮釋，也是體驗設計的關鍵。

創造力習作

一、二、三，深呼吸
三題三分鐘動動腦

Q1

透過科技的延展性，讓遊樂園能提供超乎以往體驗感受，你認為這將會取代實體的遊具所能創造出的效果嗎？

Q2

請問你有搭乘過旋轉木馬的經驗嗎？能否說出這樣讓人深感服務歷久彌新的道理？

Q3

從峰終定律可得知，人類記憶有限的情況下，如何把握關鍵點就顯重要，你同意這樣的概念與做法嗎？

體驗設計重視連續性的互動感

前奏

◎期待感醞釀堆疊

高潮

◎濃郁情緒高感度

尾韻

◎回味無窮記憶點

絕佳體驗

◎貼近人性
◎體驗有起承轉合
◎整個體驗過程能讓人充滿情緒
◎同行者能彼此互動
◎結束後能留下體驗記憶

……

體驗設計需建構在連續性的互動感上，
若只存在體驗的高峰，但前後出現斷裂，
情緒無法有緩衝，將造成未滿足感。

NO. 34

全景真實感創造

×

光是體驗並不夠，還要「沉浸式」真實深入其中

沉浸式體驗　體驗設計　劇場式　真實感
參與感　峰終定律　實體證據

有一種值得關注的體驗服務發展模式，就是透過人與人間的眞實互動，創造體驗的價值。除了已流行好一陣子的密室逃脫、實境遊戲，也有結合舞台燈光、劇場表演、餐酒食飲、綜藝笑梗的模式，企圖爲客群打造一種情調，最終體驗一種非日常感，將觀覽者從而包覆，拉下局內外之疆界，使其自然介入其中，創造高參與感，這就是近年來異軍突起之「沉浸式體驗」（immersive experience）。

沉浸（immersion）從字意理解，所追求的就是讓參與者能瞬間轉換，進入到一種專注的非常狀態，從而感受非日常的訊息。這種情境，如心理學上指稱的心流（flow）狀態，人將會穩定地進入忘我狀態，體會前所未有的感受。「體驗」透過設計，找到對應的路徑，最終達到「沉浸」的目標，這也成爲泛服務性產業，高度重視且企圖結合運用、創造新價值的課題。

1 實體證據：physical evidence，我們知道服務是無形的，因此，如何在這樣的限制條件下，透過一個有形的實體物來傳遞並表達服務的已產生，最好的例子就是飯店廁所的摺痕衛生紙，透過這樣的型態來告知住房者，這間房間已為你整理好，你是今晚唯一的使用者。

2 過渡狀態：rites of passage，原指人的一生會通過許多不同狀態，如出生、成年、結婚以及死亡等，而在這裡是暗指透過微醺感，感覺進入到另一個新的人生境界，也隱含一種從常態進入非常態的改變歷程。

引人進入異次元般的真實

「劇場式沉浸體驗」，形式上看是劇場，有固定時間，有一群演員，不同的是觀看過程中，無固定座位而需要移動，觀覽者將被邀請進入演出場景，時而參與，不時可窺看，有機會與故事主角互動，甚至成爲改變劇情進展的關鍵人物，最終因參與而沉浸，感受故事背後所欲傳達的內涵。但也必須說，這樣的體驗服務十分挑人，有感、無感常是一線之隔。

台灣的創意團隊驚喜製造（Surprise Lab），也打造這樣的體驗商品，創業至今的作品，都從最貼近常民生活的飲食出發，透過內容設計傳遞所欲創造的體驗感。

其作品的每一段故事都有想要傳達的意念，體驗的當下只是一個觸發點，不只是娛樂，而是要讓觀覽者在一個反差性的互動之後，帶走深沉的意念及愉悅，多一點回味。因此，必須兼顧觀覽者的體驗感受，及創作者的哲思用意，統整過後，拉出故事線爲藍圖經緯，由現場的表演者，結合物件、現場情境、內容互動，形成有意義的活動，最終才能構成一段完整的體驗歷程。

巧妙設置實體證據

「體驗設計」最困難也最關鍵的，首先是如何精準鎖定有相同認知的目標客群，其次就是如何透過巧妙設計，讓人入戲，並循著藍本，體驗精心安排的高潮。除了考量峰終定律，另一個重點就是如何在接觸點上，設置實體證據[1]使其留下深刻印象，並作爲狀態進出的中介體。

以驚喜製造的《微醺大飯店》來說，就在故事的重要節點都加入「酒」爲元素，並利用飲用釋放出的生理微醺感，讓人進入一種宗教學所說的過渡狀態[2]，外加出發前管家的超熱情暖場等，觀覽者不禁收斂起日常理性，任酒精喚醒感性靈魂，帶著好奇心，出發往五個房間探索。敲門進入陌生的他者世界後，隨著敘事表達所流露之狂悲狂喜，時而共感，時而自省，尤其在微醺助攻下，不自覺「以身爲度」，自然入戲。當然也許有人會不夠入戲，反而保有旁觀者的冷靜，期盼解開所有的謎團，以塡滿好奇。

體驗的高潮過後，帶你來到一處獨立電話亭，終於能靜下來片刻獨處，用一杯可自主支配的調酒來跟故事告別，爲回到現實做準備，同時也提供了一個機會，讓你撥打電話給一個人。這樣的過渡性，是不是表現出一種尾韻收乾的自我面對？一切，彷彿告別後又有了開始。

沉浸式體驗，就是這樣讓人進入一種如異次元的眞實，成就敘事的完美，創造深刻的感受，當參與者回到日常，也帶走自己才懂的餘味。

創造力習作

一、二、三，深呼吸
三題三分鐘動動腦

Q1

過往是否有參加過沉浸式體驗型的活動？或參加過密室逃脫？而你的感覺為何？

Q2

沉浸式體驗的關鍵在於「入戲」兩字，但體驗很挑人，所以該怎樣精準找到目標客群？

Q3

你是否看過怎麼樣的戲劇表演，至今仍讓你感到餘味無窮？如果有沉浸式你會想體驗嗎？

創造沉浸式體驗

沉浸式體驗設計重點

規劃階段

◎精準鎖定有相同認知的目標客群
◎兼顧觀覽者的體驗感受，及故事的哲思用意

體驗過程

◎結合現場人、物、境、內容互動，形成有意義的活動
◎在接觸點設置實體證據，使觀覽者留下深刻印象
◎讓人入戲，並循著藍本，體驗精心安排的高潮

體驗收尾

◎考量峰終定律，鋪陳尾韻的過渡性

……

「體驗」透過設計，找到對應路徑，達到「沉浸」的目標，
已為泛服務性產業重視且企圖結合運用，
來創造新價值。

NO. 35

尊榮款待創造

×

體驗服務？
「限量」很殘酷，晚來或不熟就沒有！

體驗設計　服務設計　限量型服務
在地活化　地方創生　青年返鄉

如果你有機會來上一趟「本島風格之旅」，可能會驚喜的發現，不少限量型的體驗服務，正如鴨子划水般散落在全台各城市巷弄，並且超展開，徹底打破過往，大家對於「台北之外就很無聊」的地方想像，也讓人看到體驗服務的潛力。

位於台南車站附近巷內，由一處老診所改裝而成的復古場所，進駐了曾榮獲亞洲五十大酒吧Bar TCRC的姊妹店——Bar Home。記得在二〇一九年九月造訪時，驚訝發現酒吧是採行一種非典型的營運模式，而這應是來自於經營者對於該店的清晰定位，因為是「家」，就是期待著每一位賓客，都能有如回家一般的賓至如歸感，在最細膩及周全的環境與款待下放鬆並享受，因此這裡採取全預約，限額並是介紹制度，也就是說，如果不是熟客，不認識裡頭的人員，很抱歉，你就很難成為座上賓。

還記得那次造訪，就碰到不只一群慕名而來

的過路客，是哪一家餐廳會把財神爺請走，或許就只有他們，一反營業場所多多益善的習性，反而是面露難色且態度恭敬地說明恕難招待並表達歉意。

限量，創造好的體驗交流

等客人離開，我回頭一望，明明店內空間還有所餘裕，果然是對於營運，有一套自己的堅持與想法。也因此，得以維持店內良好的體驗品質，創造好的交流，而非只是提供酒精給想買醉的人而已。也許就因爲在府城，能表露多一點在地的性格與驕傲，量體不見得要大，租金比台北友善點，步調也緩，反而更可做出一家帶著府城氣質的風格酒館！

再往南行，曾繁華一時的高雄舊城區——鹽埕，整體發展面臨史無前例的街區老化危機。「叁捌地方生活」爲鹽埕在地經營的地方團隊，近年來運用設計及企劃巧思，爲地方注入了許多新的可能，而鹽埕第一公有市場「青銀共市」，就是爲振興空蕩蕩一片的傳統市場所想出的有趣專案，由叁捌團隊擔任平台及統籌角色，透過市場實際空間承租，引入具有新意的各式內容團隊，把人流找回來，讓市場重回人們的生活。

因應在地特色，營運另闢蹊徑

「小缽洋食」是二〇一九年加入該招募計畫的三家店之一，雖然是承租期僅半年的快閃店，卻是美食偵探的夯店。店主曾是台北米其林餐廳主廚，把過往市場內肉攤用的洗石子空間，打造成爲屋台料理的伸展台，結合鹽埕市場其他店家的食材，提供法式風格套餐，每天營業時間爲晚間五點至十點，僅提供三個時段，一次八位客人，一晚就二十四位，當時訂價一客五百九十元，無服務費。從傳統商業眼光來看，這樣的模式與定位，也許是各種成本考量下的任性之作，但每個月的預約都客滿，說明了另闢蹊徑之可行。

從經營者思維來看，因採時段預約制，所以可統一準備，降低備餐的重工性，把基本功作扎實，就能有更多的餘裕，留下來與顧客進行互動。因每日限量，亦可減少食材浪費，大幅降低保鮮及剩食問題。打破固有邏輯，長出更合適該地方的營運方式，這何嘗不是一個在地活化的創新模式？

近幾年一批批青年，想要返鄉或找尋人生下一個心有所屬的戰場，地方成爲一種選擇，而如何貼近地方的屬性，發揮想像力，展開有別於都會的慣性邏輯，透過「限量型服務」的模式，也許就是一種可能。讓地方的風格及魅力，可以不疾不徐、毫不保留地傳遞，無論是旅人或是在地人，都可從中感受到帶著風土特色的情感，也因爲是「限量」，必須在這個地方才有，因而彌足珍貴，格外令人難忘。

創造力習作

一、二、三，深呼吸
三題三分鐘動動腦

Q1

過往我們都說做生意的當然多多益善，那為什麼這些店家會如此反常且大膽？

Q2

你是否曾經體驗過類似的限量型服務？請從不同的角度來想想它的優缺點。

Q3

限量型服務適合怎樣生活型態的人來經營？它是一種適合地方發展的特殊型態嗎？

在地方打造限量型體驗服務

地方

限量型體驗服務

↑↓

創新經營，優化交流

- ✓ 發揮想像力，打破固有商業邏輯
- ✓ 貼近地方及場所屬性
- ✓ 採預約制，以維持良好體驗品質，創造好的交流
- ✓ 將地方的風格及魅力，從容且毫不保留地傳遞給顧客
- ✓ 因限量和地方獨有，體驗更令人難忘

……

限量型服務是在地活化的創新模式，
以更合適地方的營運方式，保留與顧客互動的餘裕，
創造具風土特色的體驗。

NO. 36

異次元空間創造

×

就這樣一腳踏入「地方吉祥物」所建構的超奇幻世界

地方吉祥物　真實性
地方創生　地方活化

在日本彥根市舉行的「當地吉祥物博覽會」，是一場不可思議的地方吉祥物大集會，每年固定於十月中下旬的一個週六、日，在彥根市城下町一帶的街區進行，全日本各地方活躍的角色集合於此，可以用「野生迪士尼」來形容。

二〇一八年十月躬逢其盛，並在活動上發表演講，還記得在那天的現場，總共來了將近兩百組的地方吉祥物。對於明星級的吉祥物而言，持續出現是為了維繫眾人對他們的認知度，而更多屬於不見經傳型的角色，則是把這個舞台視為曝光的絕佳戰場，因此如何把握機會透過角色的外型及互動中所表現出的熱力及親切感，向著數以萬計的觀覽者強力圈粉，就變得無比重要。

所以要怎樣被認識呢？要不要就名片發起來吧！尤其在日本，名片依舊是一個很傳統但重要的人與人之間的接觸點，因此，你會看到許多民眾，識途老馬的一攤接著一攤過去打招呼，其實是爲了前去索取名片，單從這一點，就讓人感受到角色獨有的「眞實性」。正因爲把每一位代表其地域的吉祥物都視爲眞實人物，或說是矢志傳遞地方魅力的在地大使，因此透過與其互動接觸，傳遞在地的熱情及好感，而透過名片索取這樣的儀式性互動，也爲角色注入更深的眞實感。

體驗眞實感，助攻融入情境

兩天的博覽會活動，在保留十足江戶時期氛圍的夢京橋商店街區舉辦，吉祥物們就在街區間自由穿梭移動，當你穿越巷弄找吃的、買喝的，都有可能與他們不期而遇。在那個非常的當下，夢京橋不再是尋常的夢京橋，而是奇幻的結界，每一位觀覽者，基本上就是闖入者，體驗由一群角色所建構出的異次元奇幻世界。

現場的地方吉祥物們，會擺上可愛的POSE讓你拍照，如果你期盼合照或央求一個擁抱，更有許多超乎想像的表現。想跟吉祥物對談嗎？可以，現在有吉祥物透過變聲系統，與粉絲進行言語的溝通。許多吉祥物更是厲害的小畫家，拿起奇異筆就在簽名板或紀念商品上畫一個自己送給你，還有角色能吹奏薩克斯風、騎腳踏車，種種行爲，讓人對角色的眞實性更不懷疑。而每日一回的彥根喵大遊行，所有人簇擁著偶像們繞行街頭，將整個活動的氛圍帶到最高潮。如此交織下所創造出的互動性，令人深刻體驗並融入情境，樂此不疲，這不也是迪士尼樂園魅力的關鍵？

紀念品：連結吉祥物與粉絲的信物

當然活動現場各攤位所販售的紀念商品，更讓人感受各縣市採用吉祥物作爲地方活化策略的縝密思考。可以說紀念品的存在，是連結粉絲與角色間的重要信物，畢竟地方吉祥物，多半活動地點受到地域性限制，不太可能那麼容易有機會見面，如果能眞實的擁有幾項紀念品，像是布偶娃娃、筆記本，或是在手機上貼上貼紙，有助於滿足粉絲的情感性需求，而從當日諸位人氣吉祥物商品的搶購，也讓我們一窺紀念品存在之重。

在迎向地方創生議題，城市與城市間，競合關係絕對存在，在這樣的脈絡底下，地方吉祥物就會成爲一個極爲重要的戰略模式。吸引誰？感動誰？也許我們的觀念停留在可愛吉祥物是吸引小朋友的工具，但從博覽會現場的觀察，會看到許多銀髮族、障礙者或是年紀處於空巢期的媽媽們，或是地方的關係人口們。在現場，你可以隨時隨地就看到某一個人，全身上下都帶滿了某地方吉祥物的周邊商品，或在會場四周奮力追逐著明星吉祥物或特定的角色，並很自然地對著喜愛的角色噓寒問暖，甚至送禮物。從這樣看來，我們是不是也該認眞思考，角色眞實性之背後，到底是可以創造怎樣意想不到的驚人效應！

創造力習作

一、二、三，深呼吸
三題三分鐘動動腦

Q1

請問你是否曾經參與過類似活動？或造訪過迪士尼樂園？如果有，有什麼樣的感受？

Q2

透過發名片的方式來進行破冰，你認為是一個好方法嗎？

Q3

我們都認為「體驗真實」有其必要，而你曾經因喜歡某個角色而想造訪他所在的地點嗎？

建立地方吉祥物的「真實性」

地方吉祥物

真實性

⇅

◎**名片發放**　展開互動的傳統禮儀，具儀式性意義的行為

◎**營造情境氛圍**　在活動現場自由移動，創造不期而遇的驚喜

◎**展現特殊技藝**　如騎腳踏車、演奏樂器等，增添角色真實感

◎**親和力互動**　以符合角色個性魅力的可愛行為，與人們互動

◎**主題活動事件**　製造氣氛高潮，讓人留下難忘體驗

◎**紀念商品**　連結粉絲與角色間的信物，滿足情感性需求

……

地方吉祥物的各種行為表現，形塑角色真實性，
也建立起互動性，令人深刻體驗並融入情境，
創造地方宣傳效應。

NO. 37

服務再定義創造

×

當有一天，
便利商店不再只是「便利商店」

體驗設計　沉浸式體驗　消費情境　意義性　場所精神

零售業可說是最貼近庶民生活的產業，總是因應人們需求轉變及社會狀態，與時俱進來調整。台灣超商龍頭7-11，不斷嘗試提出新的服務模式，小七更進化爲大七，成爲擁有百坪空間、結合多業種服務的店型Big7。

Big7第一家店於二〇一八年十二月推出，位於台大公館商圈新建集合式住宅一樓，一百三十坪的空間裡，以三角窗的便利商店爲核心，延伸展開包含精品咖啡、圖書、進口糖果、彩妝及烘焙等五項服務。在空間的規劃上，刻意保持通透感及輕巧，期盼人們能好奇展開內容探索。這樣的類店中店，別於過往大型商場的專櫃思維，保有中型商場的空間彈性，與小型店的親密感。

也許你會問，這些延伸出來的服務內容，便利商店原本就有，爲什麼需要刻意加大空間開展？如果我們回到實體賣場通路模式來推敲，會發現Big7與傳統通路之間，存在一個微妙的差異點，那就是關於「採買」物品及「停留」體驗，兩者價值傳遞之選擇。

不只「採買」，更享受「停留」

通路的存在，就是提供一個買賣雙方得以交易交換的平台，而規模不一的通路，也對應不同需求而存在，因此，量販店、超市、便利商店，各有任務，唯一相同的就是須精準對應不同客群的「採買」需求。

而這樣的模式起了變化，由便利商店開出第一槍，做法是擴大店面坪數，增設桌椅座位。看似微小的改變，但從此便利商店不再是買完就離開的店，而是轉變成一處可供日常駐足的驛站，顧客可自由在營業空間內逗留、用餐、開會、聊天，或一個人發呆。姑且不論停留越久是否消費越多，至少讓人開始對這個空間熟悉親近，進而產生認同，成爲一處你可擁有的生活空間，久而久之，自然而然成爲區域間人群匯流點。

意義消費，體驗至上

於是，人與便利商店的關係，從原先的「交易購買」，跨越進入「停留消費」，這才只是一個開始。下一步有沒有可能進入「沉浸體驗」，讓人在停留過後，能因空間氛圍、內容提案、服務多元、前衛精彩，獲得更多無形價值，最終願意多花一點時間流連探索，在這邊「生活」。

人們總是能夠透過消費來表達內心眞實的想法，而趨勢引領著我們走向一個追求「體驗至上」的時代，消費不再是單純圖溫飽，而是爲追求行動背後的意義，因此，意義的賦予，就不會停留在單點，而是從點線面進行，跨領域、多層次的串聯，從情境去思考，回應個人的生活態度及對於美好生活的具體想像，如此所建立起來的認同感，也就成爲造訪遊逛的好理由。

廠商所販賣的是商品背後蘊藏的價值，再放大來說，一整個街區，要傳遞什麼樣的態度，友善土地？質感生活？幸福瞬間？時尚都會？當定位清楚，有一個可供揮灑的實體場所，並透過產品、服務、情境等互動成爲內容載體，交織出獨一無二的場所精神，就會成爲這間店被需要的理由。

Big7這樣看似實驗性的風格提案，能否通過消費市場的考驗？由北中南陸續展店看來，想必消費者已經透過他們的體驗投下一票了。而如果拉到二〇二一這個大疫之年來看，大空間的Big7會不會成爲疫後進入新常態之後的絕佳設計？當人們無法進行長距離的移動，扮演社區活動中心功能的便利商店，是否透過這樣的嶄新空間來對應時代的需求，無人化、不接觸化等，且讓我們拭目以待後續的發展！

創造力習作

一、二、三，深呼吸
三題三分鐘動動腦

Q1

請問你是否認為便利商店已經進化，並成為住家、學校、公司之外人們的「第三空間」？

Q2

Big7的存在充滿著實驗的性格，而你對於便利商店的未來有什麼期待？

Q3

比較疫情前後，你認為人們會增加前往便利商店的頻率嗎？空間會不會因而與人產生新的關係？

便利商店服務模式與時俱進

便利商店

交易購買

消費者滿足功能性需求就離開

停留消費

成為顧客可日常駐足的生活空間，區域人群匯流點

沉浸體驗

空間、產品、服務、情境等互動成為內容載體，滿足造訪背後的意義追求

❖便利商店與時俱進調整服務模式，逐漸改變場所與人的關係

……

在「體驗至上」時代，消費意義的賦予，
是從情境去思考，跨領域、多層次串聯，
回應個人對美好生活的具體想像。

NO. 38

魅力品質創造 × 從服務到體驗，感動總來自於「超越 SOP」的實踐

體驗設計　共感　感受度　服務設計
功能性　狩野模型　魅力品質

「體驗」或「體驗設計」的概念，是爲了追求一種非日常，且充滿意義的經驗，從日常進入非常，切入五感六覺，技法軟硬皆施，企圖重構一種覺醒的感覺。譬如吃飯，光只是好吃太過於物質性，最好要搭配一段故事性的「說菜」，再配合創造出的「氛圍」，讓飲食更具文化性及滿足感。

那麼何謂「美好體驗」？重點不在於要多高端、多奢華，或多夢幻，而在於是否能準確掌握對方的潛在欲求、明確需求，而能直球對決，或變化球轉進的給予，精準的對應感受。這其中有原則，有模式，有技巧，有策略，甚至獨到手路，但關鍵還是在那一句服務設計的核心原則：「能否讓對方百分百感受到你的付出與溫度」，這樣就完美了。

創造「完全真實」的共感

要談「體驗」，就不得不提有體驗王國美名的

迪士尼樂園，我喜歡用「體驗的結界」，來形容這個由人工所打造，卻能完整呈現內容眞實性的吸引力場所。它以精心設計的劇本爲底，縝密透過人、物、境互動及活動的串聯，將體驗發揮到極致，創造出獨特的魅力，人們總能樂在其中並產生共感。而這種體驗每次都是獨一無二，只要離開就結束，但被創造出來的感動，卻總能如種子般被種在心裡。

迪士尼一些如規定般的信念，在創造體驗時起了作用。例如，在園區中，無論是工讀生或正職員工，都稱「演員」，而非「工作人員」，既然是演員，身上穿的就不是制服或工作服，而是「戲服」，被賦予的任務，就是想辦法讓入園的遊客，因爲你的「演出」，而充滿幸福感。當所有的人都能被這樣認知下所表現出的態度感動，結果就是呈現一種必然的「完全眞實」。

體驗：超越功能，追求感受性

《體驗經濟時代》一書中寫道：「商品是有形的，服務是無形的，而體驗是令人難忘的。重點不是問顧客『我們做得如何』或『你需要什麼』，而是努力追求『你記得什麼』。」強調功能性的服務設計，較屬理性層次，講究如何讓功能、效率、價值傳遞，確實對價，讓人有感。而當服務到位，人們的渴望感會隨之提升，「體驗」就延伸成爲下一階段的目標。相對於服務，體驗所創造出來的，有別於「功能性」，而是與五感緊密相扣的「感受度」，不僅留下深刻印象，也將觸發「感性因子」。

魅力品質，體驗有價

當人們逐步從純粹追求物質，進化到追求體驗，感性就成爲必要，也宣告追求性價比的時代終將過去，而體驗有價，也將是事實，不再是口號。舉例而言，如果你今天去巷口買一碗陽春麵，你會在乎體驗感嗎？應該不會，只求衛生平價又好吃，並能快速取餐，但若換成去法式餐廳，你要的絕對不僅於此。

好的體驗，總能超越SOP，過程體貼，態度自然，且能出其不意，超乎預期，本著高度同理心。也因此有人說，體驗型活動，是靠跟顧客相處所傳遞出的價值及意義來收費，當然背後涵括了一個品牌的品牌權益。

過往用於品質管理界的狩野模型，也可用來解釋體驗，模型中有一條線，稱爲魅力品質，意指顧客所意想不到，但卻能超越期待、跳脫物質層面的品質，是種更能往心靈與感覺創造的極致感受，而這正是在滿足服務所能提供之基本需求之外，附加的體驗，這樣的錦上添花，創造了感動與記憶，爲服務極致的表現。

創造力習作

一、二、三，深呼吸
三題三分鐘動動腦

Q1

讀了這篇文章，你認為站在消費者角度，服務與體驗之間的界線為何？

Q2

迪士尼樂園能讓體驗氛圍圍繞著整座園區，你認為其中關鍵為何？

Q3

能否舉一個你曾經經歷或體驗過的服務，其所表現出的細節能達到「超越SOP」？

從服務設計到體驗設計

體驗設計

◎強調感受度
◎傳遞超越期待、跳脫物質層面的價值
◎講究讓人能對服務內容產生共感，留下深刻印象

❖當服務到位，人的渴望感隨之提升，延伸為追求一種非日常且充滿意義的經驗

服務設計

◎強調功能性
◎較屬理性層次
◎講究如何讓功能、效率、價值傳遞，確實對價，讓人有感

……

好的體驗，總能超越 SOP，過程體貼，態度自然，
超乎預期，在滿足基本需求之外，
創造感動與記憶，為服務極致的表現。

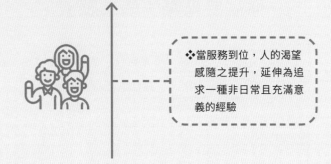

NO. 39

關鍵時刻意義創造 × 聖誕節不吃雞？考試前不買巧克力？你需要來點「儀式感」

儀式設計　儀式感　意義　參與式行為
體驗設計　共感　服務設計　功能性

是不是只要將服務做到極致，創造一段難忘的美好體驗，就能鎖住顧客，創造回流，成爲商場常勝軍？未必，因選擇權的失衡以及消費者心理的善變，品牌縱使能推出完美的體驗，但體驗過後，難免有脫逃之可能。所以如何能讓顧客如同宗教信徒般的忠實、狂熱，就成爲品牌存在的終極目標。但有可能嗎？我們不妨從以下兩個例子來尋找蛛絲馬跡。

在日本，「聖誕節當然要吃肯德基！」事情發生在四十多年前，某個聖誕前夕的東京街頭，某位在當地教授外語的白人教師，因佳節思鄉，想如同在家鄉般吃火雞來過節，但找遍市區卻無處可買，最後索性到附近肯德基買了炸雞解饞。這樣的行爲，被路過的廣告公司創意人發現，認爲是一個很棒的符碼，畢竟對日本來說，聖誕節是外來的節慶，歡樂之餘似乎少了一點參與感，於是把這樣的洞見轉化爲概念推銷給肯德基，從此，「炸雞」就變成日本的一種「節慶符碼」，並成爲參與式行爲。

整個脈絡從聖誕節吃火雞，轉爲聖誕節要吃雞，最後再連結到吃雞就吃肯德基，這樣的概念透過廣告宣傳，一步步向全民大放送，而後造成全國大流行，最終成爲日本約定成俗的一種新節慶儀式，如同台灣中秋節要烤肉般巧妙存在。

賦予物件意義性，超越單純體驗

這雖是一種廣告手法，但從最初的廣告到成爲全民共識的風潮，不就是因爲能洞察到需求背後的缺口，從而透過將物件賦予意義性，使其成爲填補節慶需求的實體證據，而這樣符碼的存在與行爲的互動，就形成一種儀式性行爲。

當聖誕夜，全家聚在客廳，吃著肯德基的炸雞，感受節慶的歡愉，這樣的美好記憶，每年時間一到自然就會想重複，如此年復一年帶著儀式感的活動，不就是體驗所追求的極致表現，那種附著在事物上的意義性，才能讓人一期一會，透過體驗來感受每回的滋味。

儀式感：創造約定般的深刻連結

另一個例子是由日本雀巢出品，名爲「KITKAT」的巧克力餅，只因發音與日本九州方言「一定會勝利！」（Kitto Katsu to）十分接近，因此在剛推出時，就在小眾間被視爲一種考前互贈，祝福帶給對方好考運的小禮物。而後這樣的風潮慢慢傳開，再透過廣告行銷的高分貝宣傳，現在已經成爲日本普遍的流行。根據官方說法，每當考季，有超過三分之一的考生會購買，並有兩成的考生把它當成護身符帶去考場。這樣的概念，又是一個透過儀式設計的案例，從文化中找到象徵，讓符碼被賦予意義性，讓儀式感超越單純的體驗感。

儀式設計背後所追求的，是一種如制約般的「儀式感」，也因此讓人更具認同感，Apple品牌就是一個善於運用的例子。若以設計之「服務－體驗－儀式」三段層次來比較，服務設計追求功能性的滿足，當服務精準到位，透過「交換」傳遞彼此價值。當進入到體驗設計，超越標準的品質、情感性的尊榮及細節處理，最終都因體驗所創造的「共感」而令人回味不已。但即使到這一層次，都依舊不如儀式設計從意義性切入，企圖創造「約定」般的關係來得深刻有力。

「體驗」勢必將成爲現代人追求美好生活的必要路徑，而「儀式設計」則將成爲擴大體驗意義感的新救贖，透過儀式來維繫更深刻的連結，從此一期一會，循環不斷進行著。從服務到體驗，最終到儀式，這將是產業的未來。

創造力習作

一、二、三，深呼吸
三題三分鐘動動腦

Q1

生活中有許多約定成俗的民俗儀式，如中秋節吃月餅、端午節吃粽子……你覺得哪一個最沒有道理，為什麼？

Q2

你重視生活中的儀式感嗎？有沒有屬於自己獨有的一段儀式？

Q3

如果說服務是追求滿意，體驗是期盼驚喜，那儀式就是建構意義，哪一個你最在意？為什麼？

設計三段論：服務、體驗、儀式

用設計三段論來建立品牌認同感

階段 1：將服務做到極致

階段 2：創造美好難忘的體驗

階段 3：擴大體驗的意義性，創造儀式感，維繫約定般的連結

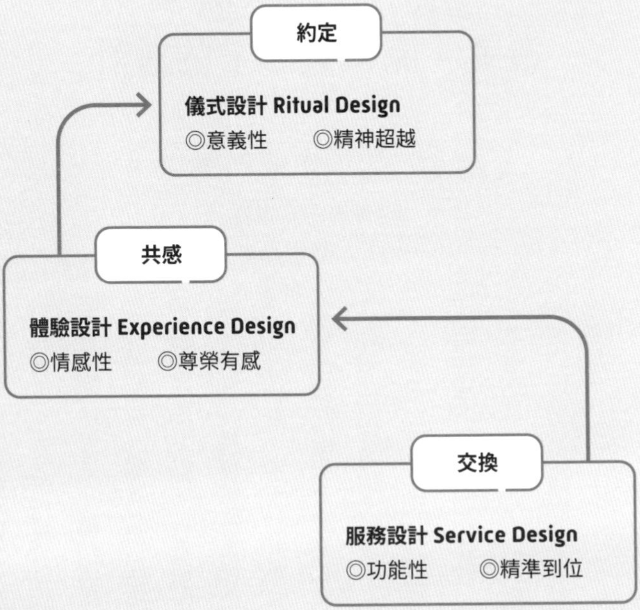

……

洞察需求的缺口，透過將物件賦予意義性，
使其成為填補需求的實體證據，這樣的符碼與行為互動，
就形成儀式性行為。

NO. 40

意義連結創造

×

體驗加入儀式感，造就「深植人心」的設計

體驗設計　儀式設計　儀式感
場所精神　意義

經常在思考，到底怎樣的國家，才能創造出深刻有感的「體驗設計」？是熱情奔放的國度，理性精實的國家，浪漫感性的地區，還是個性內斂有點拘謹的地方？雖然還沒有找到答案，但我偏向是最後者，畢竟當情感表達有著閉塞性，就需要藉由一段互動，一處場所，或綜合成爲一段儀式，來傳達那種情意，而這時候如果文化又帶傳承性及細膩，那不就近乎完美。日本，因此堪稱體驗設計的溫床，也眞的屢試不爽。像我自己很喜歡的「風之電話」，就是很好的體驗設計例子。

那是一座白色的造型電話亭，裡頭擺了一具沒有接線的古老黑色轉盤式電話，你可以走進這處私密空間，拿起話筒，撥下過世親友的號碼，和他們通話，盡情傾吐思念，訴說生活近況。「風之電話」位於日本三一一大海嘯重災區的岩手縣大槌町，一處園藝設計師的私人丘陵花園裡，災後，他將自己打造的這片土地和電話亭開放給民

1 引自https://www.youtube.com/watch?v=4f6B5os-h9M

2 引自姚巧梅，〈打電話給在天國的你〉。出自《地獄是可以克服的》，二〇一八，蔚藍文化。

眾，任何人在任何時間，只要想來都可以使用。

一位三一一罹難者家屬面對記者的採訪說：「眞的太好了，託風之電話的福，雖然只說了一點點，但感覺他們眞的有聽到。」(1) 在這裡講一通沒有人接的電話，卻能讓生者失去至親的悲傷獲得安慰，重新鼓起勇氣生活。

慶應義塾大學講師、臨床心理師矢永由里子分析：「當你面對這支電話，你對所珍視的人的思念會自然湧現。當你開始轉撥話盤以後，紛雜的感情也隨之泉湧。你只需要佇立在這個場所，自然的，就會相信自己對往生者的懷念，已無條件地被接受了。」(2)

意義的創造，是體驗的高峰，我想「風之電話」很貼切的印證了這一點。古希臘哲學家亞里斯多德說：「體驗是由感覺產生記憶，許多次同樣的記憶連在一起，所形成的深刻經驗。」體驗的形塑與創造，是嘗試透過設計的思維，經由多重維度的模式、內容及載體，直擊人們的感官並與之互動，最終目的，無不希望能創造一種超乎期待的感受，意猶未盡的體驗感。

以情感性為核心的體驗設計，最終拓展到追求意義性的儀式設計，創造儀式感，這不是單點的扣人心弦，也不是線狀的波段體驗，而是全面展開深層意義改變。

儀式設計：從「意義」建立體驗架構

如何設計一段讓人有高度共感的儀式活動？以下就從我在二〇一七年所發展出的儀式設計流程來跟大家進行說明。首先是從「探索」開始，無論是鳥瞰還是蟲觀，貼近人的需求，並追求「見樹又見林」的覺察，此外，透過多方詮釋者角度來說出意義與脈絡線索，來到下個步驟「解構」，探究到底人們要的是什麼，搜羅多維度資料，這時透過五感換位，並搭配一系列設計工具，從沉浸中解構，最終得到其「意義」。而下一步無他，就是透過洞察而來的意義來進行設計，藉著點子發想及儀式化形塑，最後完成一個整體性的體驗架構，而一段儀式設計就此成形。

如果要探究箇中關鍵，仍在於能否從人本中心角度思考目標者之文化脈絡，找到其關切的價值與意義，最後透過互動設計創造連結感。因此，能否透過儀式的象徵性，讓人們在體驗過程中更有所感，讓物件、行爲，成爲中介，有效引動五感六覺的感動，最終形成難忘的記憶點。

「風之電話」把無形的思念形象化，借用帶著溝通意義的物件與行爲，傳遞生者與逝者的情感連結。透過一處載體及空間氛圍，創造出獨特的場所精神，讓人在互動中能得到情感慰藉，找到所需要的價值，如此不稱宗教的宗教感才眞正有穿透力。這絕對是令人動容的體驗設計，也是經典的儀式設計，我想也是長在日本這樣的土壤中更爲合理。

創造力習作

一、二、三，深呼吸
三題三分鐘動動腦

Q1

在你的生活中是否曾經見過如「風之電話」類型或概念的案例？

Q2

意義的創造，通常為透過「有形之物」來傳遞「無形的意念」，這樣的模式有沒有引發你的觸發？

Q3

新儀式的創造，往往會與「文化性」有關，想想如果是你，會想創造怎樣的儀式性行為來解決你所認為的問題或困擾？

如何進行儀式設計？

儀式設計流程

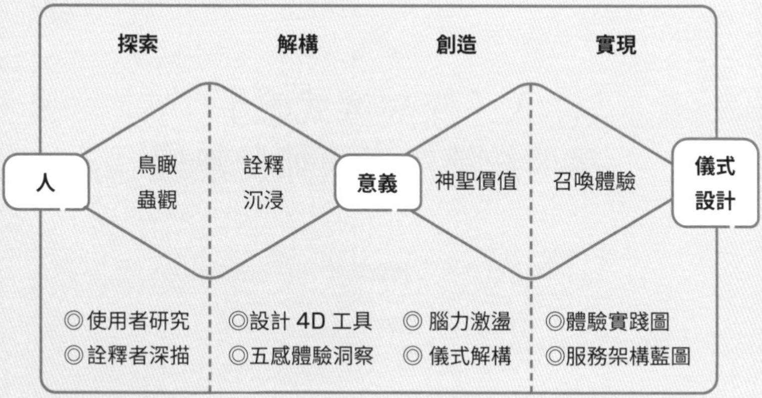

讓儀式引發高度共感的設計關鍵

◎秉持人本中心角度
◎思考使用者的文化脈絡
◎找到使用者關切的意義與價值
◎設計互動創造連結感
◎觸發感性銘刻記憶

……

透過儀式的象徵性，以物件、行為、場所為中介，
讓人在體驗過程中更有所感，全面展開深層意義改變，
最終形成記憶點。

NO. 41

活化傳統創造 × 注入「深刻儀式感」，讓傳統節慶不再如此無感

節慶再設計　體驗設計　儀式設計
參與感　互動性　賦予意義

對於傳統節慶氣氛式微的感嘆，經常出現在青壯世代或老一輩的口中，悼念過往過節的美好，如：小時候過年好熱鬧，大家都在家門口放煙火；中秋節吃著媽媽剝的柚子，戴上柚子帽，全家邊吃月餅邊賞月……。傳統節慶是有著歷史與典故作爲支撐的無形文化資產，節日本身也許沒有因時空產生過多的改變，但人們的注意力，早隨著物換星移而產生數十倍於過往的分散。

人們對這些傳統節慶越來越無感，關鍵或許出在「參與感」上。如果中秋節只是行禮如儀的吃月餅、剝柚子、看月亮，以當今的環境，內容不免顯得單調老氣。而在許多陰錯陽差之下，三十多年前，興起了在中秋節烤肉的習慣，姑且不論是不是由烤肉醬業者透過行銷宣傳來倡議，但確實爲這個傳統節慶注入活水，塡補了停滯不變下的不足點，重新調整爲被當代所需要的模樣，每年深受某些族群的期待。透過中秋烤肉這個帶有

節序感且過程有點麻煩的活動，偕同親朋好友於節日進行共創，在參與感背後也乘載了儀式感。

群體參與節日共創

要舉行一次烤肉其實不簡單，過程就是一起儀式。從找人開始，等到人數確定之後，要規劃後端的食材、用具採買，進行相關預先處置，而後到了烤肉的時間，通常需要大夥人分工合作來進行，生火、備料、烤肉、分食，一邊分批次連續進行，一邊打屁敘舊，而因爲在戶外，有時會進行一些餘興節目，放放煙火，玩玩遊具，看看月亮等，一整個過程通常歷時數小時。如此一期一會的群體活動，充滿歡迎感，並讓參與者在參與過後，萌生滿足感，對於這樣的傳統節慶深藏記憶。

賦予舊節慶新的儀式內涵

不可諱言，烤肉令空汙加劇，引發輿論批評，自己過往也批判這樣的過節模式，然而在經歷COVID-19，以及台灣面臨城鄉人口減少危機的當下，我開始有了不同的思考。縱使烤肉對人體有害，而且這樣的行爲模式也許稀釋掉中秋節原本的意義，但放大來看，未來的社會，人與人之間的連結與關係勢必日益淡化，如果透過烤肉這樣參與性、互動性皆高的活動，能讓傳統節日再度把有緣分的人們連結起來，帶給人期待與歡愉，何嘗不是讓「形式感」無比濃厚的舊節慶，得到活化的契機，並賦予新的趣味及內涵。如此有意義、有溫度的「常民旬儀式」，不就是自然而然的「月圓人團圓」，把中秋節人群互動及交流的傳統保留了下來。

符合當代需求才能有感

而台灣還有那一些傳統節日急需搶救呢？農曆新年，除了現在的吃吃喝喝、包紅包、在家看電視，或到夜市瞎逛一番之外，還能不能創造一個新的儀式內涵？清明節除了回去掃墓祭祖，能不能利用這樣的片刻，留下更多屬於家族之間的無形文化資產？端午節除了放縱自己品嚐各式粽子，或跟朋友在社群上大戰南北部粽的特色與魅力，是否還能從傳統的符碼當中，創新詮釋與意義？

傳統節慶要能永續，需要破除形式主義的框架，與時俱進的隨著使用者的需求、想望來進行調整，才能被當代所用、所需要。從中秋節烤肉的例子，我們看到「節慶再設計」之必要，審視節日的意義，創造符合當代需求的體驗內容，只要活動有意義、有魅力、有價值，傳統節慶其實可以保留原本的精神，繼續受到人們重視，才不致淪爲有形無魂。

創造力習作

一、二、三，深呼吸
三題三分鐘動動腦

Q1

你認為哪一些傳統節慶已經淪為形式主義？

Q2

如果可以重新改造，你期待能改變那一個節慶，甚至重新賦予新的行動與意義？

Q3

後疫情時代，人們生活進入一種新常態，當「變」儼然成為一種日常，你認為這時候需要建立怎樣的儀式感，才能有效舒緩人們的壓力，讓生命更加自在？

傳統節慶再設計

走出傳統節慶形式框架

- ✓ 審視節日的意義
- ✓ 保留原有精神，創造符合當代需求的體驗內容
- ✓ 著重節慶活動的參與感、互動性、儀式感
- ✓ 讓新的體驗內涵，帶給人期待、歡愉與意義
- ✓ 讓參與者共創後，萌生滿足感，珍藏節慶記憶

↓

❖只要設計的活動有意義、有魅力、有價值，傳統節慶就有活化的契機

……

傳統節慶要能永續，需破除形式主義框架，與時俱進的隨著使用者的需求、想望來調整，才能被當代所用、所需要。

NO. 42

新年節慶創造

✕

沒人規定一定要過年，感到「無趣」何不自己設計？

儀式設計　過渡儀式　路上觀察　體驗創造
過年　通過儀式　儀式感

時間回到二〇一五年，長期推廣路上觀察的我，突然興起個念頭：能否透過一段有趣的活動規劃，來讓傳統的新年過得更有意義？不再是陌生人排排坐，說些言不及義的話，當然也不要天天只是吃吃喝喝放懶，而是能強健體魄，安頓身心，賦予這個行動一個嶄新意義。

於是，「拜拜松」活動就這樣成形，並成爲年例型的活動，一期一會至今，經由一整天的行動，個人能透過參與，建構出屬於自己的意義，而夥伴之前可能好久不見，因此在新年最初相互勉勵，共同迎向新的一年。

首先，什麼是「路上觀察」？這是源自一九八〇年代的日本，一群從事藝術、建築、設計的文化工作者，彼此間有一個共同的興趣，就是觀察出現在街道上的有趣物件，因此有了以尋找、拍攝這些物件爲主題的「路上觀察」活動，透過主動的探索，激發更多好奇心，再經由自身感官與外界接觸，最終觀察者透過主觀詮釋，來賦予物件全新的意義。這樣的過程，持之以恒，能培養敏銳度，激發更多的思考力。創新的原點來自於細膩的觀察，尤其在這個低頭滑手機的年代，能帶著一雙具有好奇心的眼，觀察周遭，是相當難得的事情。

舊儀式新詮釋

而什麼是「拜拜松」？「拜拜」是個日常通用詞彙，而「松」並非指植物，而是來自於英文馬拉松（marathon）的松（thon），取其長時間不間斷進行的行爲概念。某某＋松，這樣的概念早就運用在其他地方，諸如長時間共創一個任務的程式馬拉松競賽「黑客松」（hackathon），同理，「拜拜松」就是一段不間斷連續進行的長時間巡拜行爲，把原本有的新年寺廟祈福走春，賦予深一層的意義性。

既然是過年要拜，挑哪一天拜最好？中選的是初四迎神日，理由很簡單，初四是天神重返人間的日子，第一天上班總是很有餘裕吧，所以能在天神工作日的首日向祂進行祈求，如願的機會想必會高上許多。

於是「年初四路上觀察拜拜松」正式成形，作爲新年之初送給自己的一份幸福儀式，用一整天十二小時的時間，利用大眾運輸工具，與同好一起走訪遍布於台北十二區的重要寺廟，可以求功名、求健康、求戀愛運，用新年的一天把該拜的大神都拜過，儲備未來一年的好運。

「拜拜松」第一年採限額方式，活動一登出瞬間額滿。當天一早九點半在台北捷運關渡站集合，走到第一站關渡宮，而後依照所設定的行程，徒步加上搭捷運，到晚上九點多，在內湖站附近的土地公廟圓滿結束，一整天下來總共走訪二十五間寺廟，運動軟體上顯示走了超過三萬步。還記得走到第二十站時，多數夥伴早已體力耗盡，最後是靠意志力走完全程。雖然這樣的強度有點嚴酷，但這不就是儀式迷人之處，總能讓人在帶有一種不舒服的過程中，燃起挑戰之情，從而也鍛鍊了意志力。

「拜拜松」每年的路線及參拜寺廟，都會進行一些調整，不變的是每年參與者高昂的意願。這項個人儀式，滿足了參拜祈福、觀察練習、老友敘舊或運動減肥的功能性需求，也被參與者各自賦予不同的意義，無論是與神佛的約定，或是對自我的許諾。

「儀式」並非陳舊的產物，而是需要隨著世代，對應當代需求，創造新的價值，而其類制約性行為，讓人們能從實踐中得到超越尋常的價值與意義。如果你也不滿足於傳統過年模式，不妨從自身的脈絡做起，建構出屬於自己的新年過渡儀式，為身心充好電，迎接即將展開的一年。

創造力習作

一、二、三，深呼吸
三題三分鐘動動腦

Q1

你認為你每年都有好好過年嗎？對於現在的過年你有什麼想法？

Q2

如果覺得「年」可以比現在過得更有意義，那你認為可以怎麼做？

Q3

一個人的儀式，一群人的儀式，一個家族的儀式，你認為會互相衝突嗎？還是可以整合起來成為一種新的組合年節儀式？

設計一段有意義的個人過年儀式

從自身脈絡思考
- ◎喜歡路上觀察
- ◎有社群同好
- ◎參拜走春習俗
- ◎年初四迎神日
- ◎過年大吃大喝

↓

構思有趣的活動

結合：
- ◎觀察練習
- ◎老友敘舊
- ◎參拜祈福
- ◎運動減肥

↓

建構過渡儀式
- ◎年初四路上觀察拜拜松

↓

創造新的價值與意義
- ⇨鍛鍊體力和意志力
- ⇨完成與神佛的約定
- ⇨完成對自我的許諾

……

「儀式」要能隨著世代，對應當代需求，
創造新的價值，其類制約性行為，
能讓人從實踐中得到超越尋常的意義。

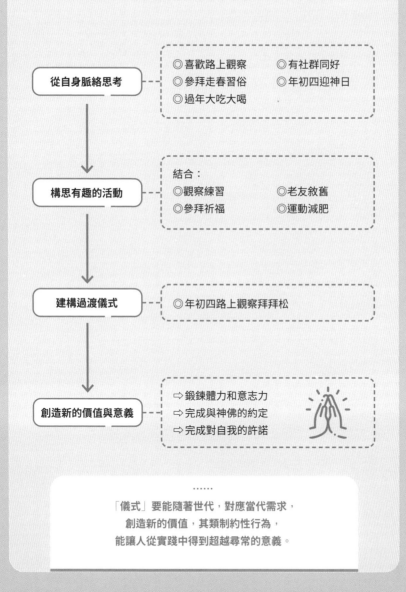

PART 3

如何設計未來

✧ 由觀察，透視現象背後
✧ 讓想像，驅動創新

關於未來的一切，都不會是偶然，
而是立基在過去與現在之下的生成，
如潮水般日夜流動。

該怎樣開始設計未來？其實不需要超能力！
只需要你帶著「文化探針」般的好奇，
加上想像力的持續練習——

「如何設計未來」以 18 篇觀察、可視化思維導圖，
立體展現「鳥瞰」與「蟲觀」視角，
從點、線到面，梳理隱而未顯的脈絡梗概，
引導你考現潮流，啟動設計思考，
提煉創造未來的關鍵能力！

NO. 43

場所精神創造 × 這年頭書店都不書店了，一場空間的「非典型代謝」

場所精神　體驗設計　時代趨勢　創新　書店　生活型態　風格提案　潮流考現

許多人前往東京代官山必會朝聖的蔦屋書店，二〇一七年正式登陸台灣，以超越書店既有框架的創造力，將生活型態的多樣性，透過不同的產品、空間或體驗模式，淋漓盡致的落地。

從創立的一九八三年起，蔦屋花了三十多年的時間，才逐步走出今天的局面，而不變的是公司成立的初心，創辦人增田宗昭在當年就很清楚，他所要經營的，不只是書店，而是一處能提供團塊世代族群，紓解日常工作壓力，滿足精神生活及娛樂消遣渴望的空間，一座由電影、音樂及書籍所建構出的複合內容平台。之所以名為「書店」，只是純粹考量容易被世人所理解而已。

而早在蔦屋書店於日本大阪枚方市創立的幾個月前，在台北市汀州路上，由高砂紡織投資成立全台第一家，同樣標榜複合式經營的新式書店——金石文化廣場，不只賣書，還販售咖啡、服飾及藝文票券，並自行印製免費書訊，儼然成為人們親近文化的窗口，如此從使用者生活脈絡及需求出發的實踐，讓書店走出一番新光景。

在經濟高速成長的八〇年代，無論是台灣或日本的青壯世代，都在這種新文化空間所創造的便利性與娛樂感中，找到紓壓的出口。也許很難想像，目前看似大有逕庭的金與蔦，竟然在那時雙雙成為兩地開風氣之先的非典型書店革命先驅。

風格演繹，與時代和消費者共鳴

時光流轉，當整體閱讀人口持續探底，網路書店的便利性成為購書首選，再加上誠品書店長期的品牌強勢競爭力，曾一度獨步業界的金石堂已風光不再。最重要的是，人們前往書店的目的已大幅轉變，不再是純粹看書買書場所，而是約會碰面的聚集地。當一家書店所營造出來的風格與魅力，無法與消費者和時代取得共鳴，品牌也將陷入危機。

台灣的蔦屋書店，從北到南，有百貨點，有在轉運站，還有在高級住宅區，結合東京Wired Cafe連袂出擊，書店聯合咖啡創造出綜效，與其說用有限的空間賣書，不如說是透過書店所營造的空間氛圍及書的主題，演繹出美好日式生活型態的具體樣貌，而在二〇二一年，蔦屋書店更不畏疫情，於重新開幕後的松山店引進了SHARE LOUNGE的全新店型，這是個結合閱讀與工作的新生活型態提案，讓越來越多有空間需求的移動及自由工作者們，能自在獲得一個即時且舒適完善的工作空間，且就設置在重要車站的樓層間，再度扮演未來生活的引領者。

在蔦屋書店中，精選具代表性之各式日本作者作品為背景，空間採用蔦屋流的氛圍形塑為大景，當然搭配令人愛不釋手之日本進口文具小物，因此，只要一進門，霎時宛如穿越到日本某家蔦屋書店。也許你看不懂日文，但仍會想隨手翻翻當期日雜，或選購小物，或是輕鬆帶著三本書到咖啡店喝杯咖啡。蔦屋所營造出的一切，內化爲目標客群的生活習慣，彼此產生強烈的連結性，這才是書店所預期的目的。它不是要開一家書店，而是期盼打造出一座空間，使其成爲人們交會的節點，也許你不會在這邊買書，但你會依賴這個空間，習慣這個地點。當場所因此被需要，未來就可衍生出許多可能，除了書之外，最新的蔦屋松山店也覺察到享受生活、養身風潮之興起，經營一個以「自煮生活」爲主題，以風味廚房爲核心，集結台灣各地的食農品牌，期盼能帶給人們質感飲食生活型態的想像與實踐。

創造力習作

一、二、三，深呼吸
三題三分鐘動動腦

Q1

當網路書店已經成為人們主要購書的來源，那實體書店代表著什麼樣的價值與意義？

Q2

你是否曾經造訪過蔦屋書店？你認為它與金石堂，還有誠品書店，有何不同？

Q3

你認為蔦屋書店與時俱進的嘗試提供新的服務，背後期待能創造什麼？

金石堂與蔦屋書店一下一上的微妙發展，與其說是品牌發展的縮影，不如說是時代考驗下類物競天擇之新陳代謝。一處停滯中的場所，儘管乘載多數人的歷史記憶，但在現實下，它所提供的機能及內涵，就不爲當代所用。「書店」在未來不會也不應該消失，只是會因有形載體的不同，決定該採何種模式滿足各異需要而已。時代趨勢終將把落後者推入歷史灰燼，讓領先者站在舞台高舉。

複合式書店的演化路徑

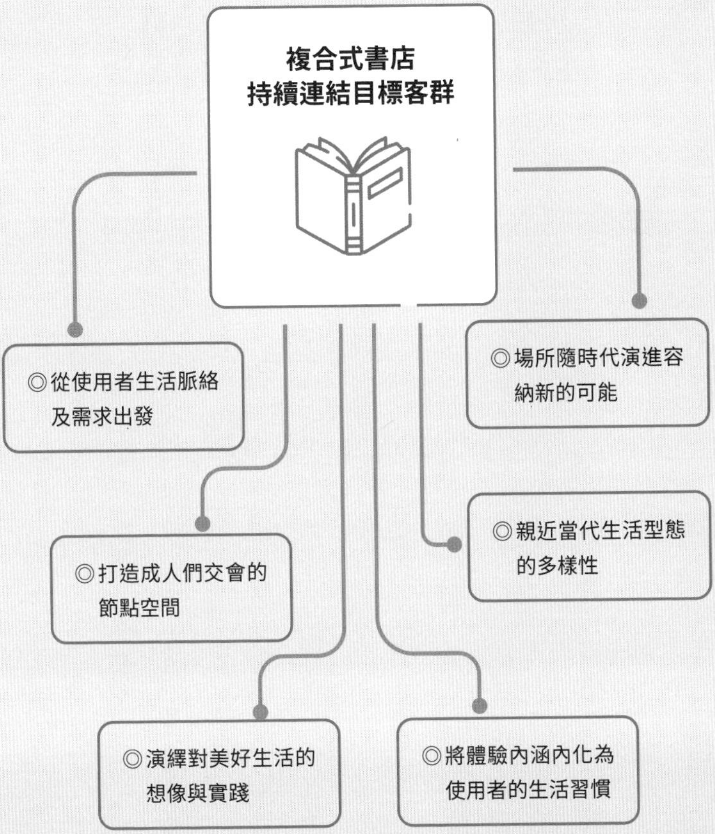

……

持續連結目標客群

◎將體驗內涵內化為使用者的生活習慣

◎場所隨時代演進容納新的可能

當一家實體書店營造出來的風格與機能，
無法與消費者和時代取得共鳴，場所不再被需要，
品牌也將陷入危機。

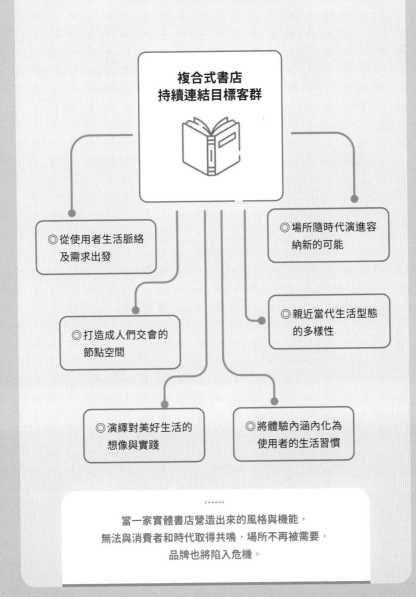

NO. 44

精準詞彙創造 × 難道地方就只能販賣「古早味」，沒有新的詞彙了嗎？

老街　觀光　體驗　停留消費　地方活化　生活記憶復興　地方魅力　地方 DNA　轉譯

到底何謂「古早味」？有人有辦法說清楚講明白嗎？這個堪稱是台灣飲食界的「慣用語」，不僅電視美食節目朗朗上口，更是時常會被冠在風景區所販售的物品上。

走一趟新北投往地獄谷方向，我就遇見阿姨小販叫賣著「古早味冰棒」，整個產品包裝及內容沒有太大特色。再多走幾步，又遇見一旁的店家，正在販售「古早味溫泉蛋」，由小販提供一個鍋子，購買的遊客就坐在路邊剝蛋吃，把蛋殼放在小鍋子裡。這樣看起來，所謂的古早味，是指產品質樸、形式未加修飾嗎？也許是想販賣一種鄉愁，而非有品質或符合當代期待的一種體驗？

只賣鄉愁，滿足不了體驗的需求

當人們採用「古早味」一詞，到底想要傳達怎樣的意象及內涵？或者根本就是一個不經思考、不知所云，卻是唯一想得出用來襯托商品有點特色的用詞？那麼，有沒有可能精準一點，把想表現的風格講出來，讓用語帶點時代感，像是「大正浪漫的仕紳本格首選」，這樣的說法，會不會讓購買者更有想像力？即使產品的賣點訴求是「老」，不代表產品只能破舊、簡陋或陽春。想辦法把那種非常態的時代感之質感面，透過現代的形式表現出來，才能讓老的價值真正被體現。

關於這一點，也是台灣各地老街普遍面臨的困境，誰說稱爲「老街」，就必須受到「老」的侷限，只能老氣，讓產品服務的品質都停滯如同過去。如果未能賦予新意，就會出現商品大致雷同的問題，因爲能販售的就是同一類的鄉愁，內容差強人意，也難怪老街的沒落化，許多如同新北投一樣的風景區亦是如此。這些曾經有過輝煌時代的風景名勝，最終只能淪爲販售歷史記憶的B級景點，明明蘊含了許多風土魅力，但缺乏轉譯與詮釋，未能與時俱進，不足以讓遊客樂於停留體驗，至於販賣鄉愁，也只能做一次生意而已。

用當代形式，詮釋「老」的時代質感

相較於這樣的閉鎖性及停滯感，日本伊豆半島上的熱海溫泉，則是一個對照案例。這個歷史悠久的溫泉區，早期因爲區位優勢，一直是首都圈居民的度假聖地，但在經歷日本泡沫化經濟時代後，產生了大轉折，當然其中也與溫泉區的內容沒有太大的提升有關。於是曾經的輝煌不再，服務內容一成不變，品牌形象嚴重老化，年輕人不來，商務客不來，最終僅剩下一些銀髮族客人，商店街一間一間拉下鐵門，地方蕭條，成爲一處名符其實的過氣景點。

但從十多年前，開始有一些旅居東京的熱海青年注意到這個現象，展開返鄉行動，從踏查開始，重新探索故鄉，找出魅力。透過舉辦小旅行、一年超過百場的活動，讓更多人認識這個曾經繁華之地，也集結了更多有志之士，運用年輕人的創意，在空屋爲患的商店街，開設融合地方風格但販售年輕人喜愛產品的店，更因在地屋主的信任，開始承租合適物件並維修，讓老屋呈現新魅力。幾年下來，熱海溫泉呈現V型反轉，老溫泉區的品牌形象煥然一新，根據統計，二十至三十歲的年輕遊客超過半數。

當你造訪某處風景區的主街，或是某條老街，看到的又是籠統的古早味與懷舊，這樣的地點，是否還存在著得以預應當代消費者對於體驗的需求及旅行渴望的核心能力？當地方缺乏想像力，眾人眼裡只有「觀光」的現實利益，就只能端出欠缺敘述力的文化內容及產品。唯有找出區域內隱的魅力，挖掘出令人耳目一新的內涵，才能正面迎戰旅人的期待，翻轉在地發展的未來。

創造力習作

一、二、三，深呼吸
三題三分鐘動動腦

Q1

你認為當人們給物品賦予一個「古早味」的定義，背後想要傳遞的是什麼樣的價值？

Q2

你對於「老街」的想像為何？每回造訪心中會有什麼樣的期待？

Q3

你認為有歷史感的街區，就只能販售老、古、鄉愁這樣的價值嗎？要怎樣才能符合現代人的需求？

體現「老」的魅力、意義與價值

◎體現老的價值，而非老氣

◎用現代形式表現時代感之質感面

以「老」為賣點

◎從歷史、風土挖掘出內隱魅力

◎將特色魅力轉譯、詮釋，賦予當代新內涵

……

當地方缺乏想像力，只重「觀光」利益，
就只能端出欠缺敘述力的文化內容及產品，
難以滿足當代旅人對體驗的需求。

NO. 45

飲食決策創造 × 「外送平台」崛起，將掀起前所未有的蝴蝶效應

服務設計　外送服務　美食外送平台

近年來電商前仆後繼投入的美食外送服務，在建置良好系統，合作店家的質與量能達到滿足點，並透過一連串行銷活動煽風點火後，快速滲透到不同階層領域與生活模式的人們當中。細數箇中關鍵，可能要回到幾件事情上來探討。

首先，「外食」在台灣稀鬆平常，尤其是午餐，一般人會選擇在午間徒步前往公司或住家方圓數百公尺內的地方尋求滿足，而店家的服務對象，主要也是有地緣關係的周邊民眾。但這樣高依存性的背後，還需抵抗人們先天的喜新厭舊。當有這麼一天，發現食物的取得，或者客源，可以脫離地域性，流程簡便無痛，那麼轉換從此成爲可能。

美食外送服務的提供，讓消費者的選擇性大增。當中介者的角色能有效確實的執行，這時候供需雙方原本所存在的有形或無形缺口，得以被弭平。站在消費者的立場，你付出可負擔的資

源，讓服務公司來擔任運輸及取得的工作，這時能創造出的利益，不僅是更為效率化的取得，還包含從此不用再勉強自己，僅在有限選項中進行抉擇。但反過來說，會不會因為購買容易，而出現意想不到的爆買呢？或者在無法眞正眼見為憑之下，頻踩地雷？

而回到店家角度，因爲服務平台所帶來的能量，讓店家的客源增長，但隨之而來的競爭，更是無遠弗屆的存在。你的競爭對手，不再是隔壁的店家，而是系統上所有的同業。店家面臨這樣的挑戰，除了維持產品品質外，可能還要開始經營品牌，讓消費者增強對於店家的認知度，畢竟這將會是未來廣大流動新客，在進行購買決策時，考量是否採用的一項原因。

從上述看來，美食外送服務的機制，是一個相當傑出且有商業模式支撐的服務設計，解決了服務提供及需求雙方，各自原先存在的困擾，但也帶來了其他值得關注之處。

關注現下效應，覺察連動性變革

最值得探討的首先是環保問題，雖然多數運送業者已改用電動車，但隨著移動頻率增加，衍生出都市交通問題、碳排量的增加、包材的浪費，都值得後續想辦法改善。

其次關於人的部分，除了配送員常需要趕時間，增加了安全上的風險之外，消費者們會不會因習於外送的便利，從此減少了過往雖麻煩，但午間與同事一同外出用餐所衍生的交流習慣，會不會因此，讓人與人之間的連結變得更薄弱？此外，當食物易於取得，會不會在壓力下更容易打破原本的飲食節律，傷害身體健康？

市場一向瞬息萬變，消費者的喜新厭舊殘酷無比，當美食外送服務平台被架起，對店家而言，看似是擴張的好機會，實際上也面臨更多競手壓力。而對於消費者而言，帶來便利，但會不會因此改變了原有的生活型態？如果完全依賴「外送服務」，那麼會不會以後許多住家不再認爲設置廚房有其必要？

這樣的思考來到了大疫年代，在三級警戒下，居住在城市的單身族群，或沒有廚房的租屋族，或是醫療一線人員，這時候能「代行」並滿足飲食所需的外送，就成爲關鍵救贖，在非常時期，扮演一個解決消費者無法出門購買、店家無法店內供餐的關鍵解法。

但人們會在享受了如此便利過後，從此依賴，因而回不去嗎？如果外送成爲未來人們取得食物的主要模式，那店家是否還需要有內用設置，而人們還會想要麻煩的自炊嗎？只能說我們處於一個劇變的時代，任何一個蛛絲馬跡與環節，都將引發連動式的變遷，過程中隱含著許多機會與陷阱，也代表著許多意想不到的創新與變革都將在過程中一一到來，且讓我們拭目以待。

創造力習作

一、二、三，深呼吸
三題三分鐘動動腦

Q1

有沒有想過，「外送平台」在過去這幾年崛起的主因？

Q2

在COVID-19疫情三級警戒期間，「外送平台」堪稱是一項服務創新，你認為它解決了什麼問題？

Q3

從長期的社會發展脈絡來看，當「外送平台」成為取得食物的主流，你認為對於整個社會而言，是利還是弊？有什麼有形及無形價值，將會隨著其興盛而逐漸消失？

美食外送掀動革命性改變

美食外送服務影響

店家		消費者
◎ 客源擴大		◎選擇性大增 ◎取得有效率
◎ 競爭對手增加		◎因購買容易而爆買 ◎無法眼見為憑頻踩地雷
⇨維持產品品質以吸客 ⇨經營品牌以增強認知度		⇨將品牌列入購買決策考量

其他層面

◎環保問題：碳排量增加、包材浪費
◎交通安全問題：移動頻率高增加安全風險
◎人際互動問題：減少共同外出用餐的交流，人的連結減弱
◎生活型態改變：因過於便利，可能放棄家庭自炊

……

美食外送機制，是一個傑出且有商業模式支撐的服務設計，
解決了供需雙方原有的困擾，
引動的效應更值得長期觀察。

NO. 46

旅遊革新創造 × 四大神器助燃下的「即興旅行」，只如曇花一現？

即興旅行　旅遊趨勢　資訊工具　社群媒體
即時性　移動成本　觀光　區域生活圈

過去幾年廉價航空崛起，分享經濟風潮下的Uber及Air B&B，還有訂房平台的規模經濟，都影響了人們面對旅行的態度，旅行的開展，更加自由，決策明快，不用再壓抑自己等待。這樣說走就走的「即興旅行」現象，可視爲當代社會變遷下，旅遊周邊產業集體協作的結果，改變了人們對於旅行的認知、意識、行爲，有別於過往人們習於以年度爲期進行之「計畫性旅行」。但你可曾注意到，是哪些關鍵因子爲即興旅行的風潮推波助燃？又可能會促成什麼樣的改變？

1｜Google Maps

這絕對是再好用不過的旅遊工具，只要帶著手機，打開螢幕介面，從找路線、追餐廳、尋景點、覓宿點，一切搞定，讓旅人能在有形的功能性需求及無形的安心感上完全滿足。這樣的便利性，讓每個人隨時可轉換爲旅人，只管勇敢出發，細節等上路再確認，一點都不用擔心有沒有先做功課。

2—廉價航空

廉價航空大大降低了過往國外旅行中主要支出的比例，旅遊成本的降低，再配合上多國免簽待遇，爲引動旅遊需求帶來莫大動能。當有一天，到福岡的成本與到高雄差異不大，「區域生活圈」概念的變化，也將是未來時空下的必然。

如此一來，當跨國間的移動成本，與國內移動差距減少，在旅人的思維中，國內與國外不再是選項，而是回到旅遊的品質來衡量。因此國內觀光業者必須更戰戰兢兢提供好的服務來滿足顧客需求，當移動已經不是問題，你的競爭對象，就不是隔壁同業，而是遠在千里外的隱形對手。而當旅人選擇的自由度更高了，「即興」的行動，也就成爲實踐中的必然。

3—訂房平台

國際訂房平台整合並搜羅所有目的地的住宿資訊，透明的規格資訊，早鳥晚鳥都有優惠，並可現場或延遲付款讓人安心，讓處理旅途中的住宿需求變得容易，幾乎人人可自理。而共享經濟概念下所興起的Air B&B，則能滿足旅人更爲個性化、多樣化及在地性的需求。因而在地旅宿也就有可能成爲另一個引動旅行展開的觸媒，以滿足想要去國外某地生活的慾望，即便是短期也行。如此一來，「即興」開始自然成形。

4—社群媒體

進入網路社群時代，人們黏著在各式社群平台，透過每日使用來分享資訊，築起一道又一道的同溫層，也讓資訊的傳播更爲迅速且帶眞實性。當你可以透過社群平台，迅速問到精準的一手資訊，跟隨網紅造訪過的蹤跡，或找到關注的展演活動前往現場，這些社群媒體所傳達出的資訊，實際上已經影響著我們旅行中的決策，而訊息所展現的即時性，背後也反映出人們對於旅行的渴望感與即時感，覺得「不去就輸了」。這樣的動力也將轉爲引動「即興」的因子，爲了看似微小但有意義的理由，可以大無畏的衝。

但美好的時代，總是來得快，去得也快，COVID-19疫情劇烈改變整個世界，以避免傳染與擴散之名，我們讓國界拉出層次般的壁壘，透過長短不一的居家隔離守護了集體，但也宣告，「即興旅行」已成爲二〇二一年當下憑弔的往事。

難道「即興旅行」就這樣成爲時代記憶嗎？還是有可能在多年後，隨著疫情緩和，人們對於探索及旅行的渴望滿溢，而隨著當時的科技，更加興盛並超越往昔？未來，且讓我們一起靜觀其變。

創造力習作

一、二、三，深呼吸
三題三分鐘動動腦

Q1

那一段美好的「即興旅遊」時期，你有躬逢其盛嗎？如果有，請回憶一下那段期間的便利？

Q2

當過往「即興旅遊」盛行時，造成國界扁平化，對於人類發展的利與弊為何？

Q3

可預期的是疫後時代區域之間的造訪將不如往昔的便利，而在現況之下，如何克服這樣的限制？透過線上？還是未來人們對於出國會有不同的態度及模式？

引動「即興旅行」趨勢四大神器

即興旅行

Google Map

◎能隨身滿足旅人功能性需求
◎方便隨時上路，給予安全感

廉價航空

◎降低移動成本，增加選擇性
◎影響「區域生活圈」概念

訂房平台

◎資訊透明多元便於自理住宿
◎可能因在地性旅宿觸發旅行

社群媒體

◎旅遊資訊的傳播更迅速真實
◎網紅現象挑動跟隨造訪行動

……

**「即興旅行」現象，出於當代社會變遷下，
旅遊周邊產業的集體協作，
改變了人們對旅行的認知、行為，甚至影響生活觀。**

NO. 47

獨身生活創造×迎向「一個人」的時代經濟學

一個人　獨身時代　單身化　現實充　一個人經濟學

有一種社會狀態，正緩緩但堅定地在改變台灣，勢必將在幾年後影響整體結構及總體發展，那就是「單身化」。

誠如最近一次（二〇二一）的人口統計發現，在過去十年，台灣單身戶數已由二二八．五萬戶攀升至三〇四．二萬戶，增加了七十五萬七千戶；而傳統的核心及主幹家戶呈現衰退情況，這樣的現象清楚透過數字告訴我們，單身化儼然成為台灣人口的現在式。這個來自社會及時代演進下的自然現象，從歐美、東亞日韓到台灣，早已存在為數不小的比例人口。根據日本統計，預估到二〇三五年，該國人口將近一半皆屬單身，包含未婚男女及喪偶族群。當一半的人口都是獨自生活，對於個人本身，以及與人、社群、社區及大社會間，都將建構一種新的互動關係。

「單身」，或「一個人」，都是出自對當下流動狀態的描述，今昔相比，最大不同在於，過往總是視單身爲一種暫且的過渡狀態，但漸漸的，現在成爲一種可被理解並接受的主張及人生選擇。尤其在網路這關鍵因素引動社群議題之下，讓許多既有成見從而釐清翻轉，並加乘擴散。從既有觀念流變，到生活樣態迭代，每一個改變都不是孤立的單一變數所造成，而是來自於現象背後的結構性引動，具體展現在婚姻、職涯、消費、關係等面向上。

「一個人」連動生活樣態改變

嗅覺最敏銳的商業，早已展開對應行動，首先一個人經濟學概念的提出，出自於零售業開始正視單身族群的消費需求，提供小包裝產品，甚至用餐場地也隨之調整，這樣的改變一路從日本到台灣，現在連聖誕節也有餐廳主打「聖誕一人特餐」，一個人就能進行節慶儀式。

日本還出現一本名爲《一個人》的生活雜誌，提出「愉悅享受自己的時間」爲核心編輯主軸，精心企劃不同議題的內容，來提供並教導單身族群如何妥善渡過閒暇時光，構築個人生活美學。這樣生活誌的出現，讓同溫層更加溫暖，也更加自我感覺良好，無論在生活、工作及感情上，都希望能忠於自我，無比嚮往自由。

而虛擬社群的存在，如同兩面刃般的走險棋。一方面便捷的將人連結在一起，只要發一篇文，留一個言，一句回應，瞬間就能讓你感到不孤單；反過來說，如果因此將心思及關係，全數投射到虛擬社群中，當一離線回到現實，孤獨感將被無限放大。這樣的情況，早已不分年紀出現，也終將成爲社會、城市及個人須面對的挑戰。

我們該如何迎接未來屬於「一個人」的社會？如何包容差異，消滅孤立，使之成爲一個彼此尊重、相互關懷的多元性社會？有一帖解藥，稱之爲「現實充」，其概念被認爲最早出現在日本的網路論壇2ch，而後傳到Twitter，並在二〇一〇年左右被廣泛使用，主要意思是指雖單身但能在現實生活中，充實有意義地過生活，具有獨立生存能力。就是因爲獨立，不依賴，更需與他人建立關係，但過程中保有一定的自主性很重要。

而從二〇二〇年開始橫掃全球的COVID-19，也讓「一個人」的時代再次確立。因爲防疫需要，許多人必須自主隔離，人們的日常行動也受到限制，讓更多人因現實所迫而不得不體驗何謂「一個人的生活」，也許會因此更珍惜與他人同居相處，也許會對獨身者的情境狀態產生更爲深刻的同理共感。總之，疫情提供了一個機會，讓我們學習如何更爲正向的來看待「一個人」，並且思考整個社會，無論是公家或民間，實質面或心理面，如何提供必要的支援與服務來因應，奮力迎接時代給的挑戰。當「一個人」已經從過去認爲遙不可及的未來式，成爲當下即刻的「進行式」，那麼該如何積極面對，就是我們共同的事。

創造力習作

一、二、三，深呼吸
三題三分鐘動動腦

Q1

你是否體驗過「一個人的生活」？你認為利與弊為何？

Q2

你認為社會是否已經準備好要迎接「一個人的生活」，你有什麼觀察？

Q3

面對疫後時代，你認為「一個人的生活」是否為一種未來的可期選擇？

「一個人時代」及其創造的同理共感

◎正視一個人經濟學
◎學習構築個人生活美學
◎透過虛擬社群與人連結
◎要「現實充」，具獨立生存能力
◎與他人建立關係互動但保有自主性
◎官方與民間為獨身者提供必要的支援與服務

❖包容差異，消滅孤立，成為一個彼此尊重、相互關懷的多元性社會

……

「單身化」或「一個人」的趨勢，
其流變出自現象背後的結構性引動，
展現在婚姻、職涯、消費、關係等面向上。

NO. 48

新日常創造

×

超越慣性及舒適圈，迎戰「變」為日常的新時代

打破慣性　適應力　遠距工作　城鄉關係
飲食習慣　價值觀　人生抉擇　即時

世紀大疫——COVID-19，讓許多意想不到的不可能，如今都化為可能，「非常」以及「變」，成為疫情下的最眞實寫照。面對無法預測的未來，因應模式無他，就是如何能順勢而為，而第一步，應該是打破慣性，適應「變」為日常。

1—工作慣性的變

太多的科技突破，太多的生活模式改變，太多的價值觀軸轉，讓工作邏輯出現相當大的不同。過往也許為了糊口，而壓抑自己就業求穩定，但如今自由職業、都市遊牧等高度彈性的工作擴散，人的安排規劃，更隨著疫情所設下的隔絕加速蛻變。

過往推動了許久的「在家工作」（WFH）隨疫情啟動，我們從痛不欲生到能適應，從中找到未來工作與生活之間的新節奏。這改變了過往習慣的溝通與互動經驗，但我們發現組織並未

因此停擺，也沒有折損權益；至於員工，既省下交通成本，工作效率在經過適應後也找出一個新模式。固然同在一個場域工作有其無可取代的特性，但面對新常態來臨，打破工作慣性，反而有助於放下框架，思索工作及生活之模式、效率、規範等新可能。

2—居住慣性的變

過往談到安居樂業，安居總是放在後面，理由很單純：沒有工作哪來的收入。因此工作台北市，居住新北市、甚至桃園市，許多人還因為加班而必須就近居住等，但隨著疫情改變了許多過去視為必然的邏輯，「安居」或許就是即將醞釀劇烈變動的議題。

當我們被迫在家久待，成為日常，就會驀然意識到，家戶空間配置的不合理，還有空間的狹小、彼此之間的相互干擾等，而這或許就是連動之下的改變契機。當未來的職場可能一週三天到公司即可，那麼你會不會選擇就此離開買不起的台北，回到溫暖但有一點小遠的家？或尋找一個心中的安居聖地？當移動般的遊牧生活成為新選項，你還會選擇購屋嗎？還是想透過合租（sharing house）等模式來滿足居住需求？

3—飲食慣性的變

最怕接觸的疫情，讓外食成為一種奢侈，幸好在自炊的選項之外，還有外送平台服務，讓人們不至於在廚房望鍋興嘆！也有許多人隨著疫情帶來的時間充裕，開始重溫或重頭習（廚）藝。隨著蔬果宅配、冷凍食品的陸續被接納，背後也隱含著一場食材及飲食的微革命。舉海鮮為例，過往習慣買「現流仔」，但當無法出門，並首嘗冷凍魚貨，才改變心中對於「新鮮」的定義。

4｜交流慣性的變

很難想像如果疫情降臨在智慧型手機未存在的時代，世界及人們將會處於怎樣的寂寞孤島狀態。雖然因疫情我們必須保持距離，但多虧發達的社群網路能發揮即時性，把我們鏈結在一起。

人們因數位化而能持續保有交流，而數位轉型（Digital Transformation）也成爲了眾所關切的議題。以視訊會議來說，因爲有這樣軟體的存在，讓人們能便捷溝通，補起了對於「聚會」的渴望，也確保這個世界、社會能盡可能地有效運轉。

5｜人生價值的變

許多人大概跟我一樣，爲了心中一個有點遠但值得去追求的願景與夢想，一路抱持著衝衝衝的奮進人生觀。而隨著疫情的發生，我們被迫放慢，甚至停下來。疫情要我們改變，不只是要適應未來多變的生活，也必須思考人生的次序，工作、家庭、生活、健康、關係等，這是非常時期給我們的功課。

處於一個破格的時代，背後直指的就是人類已經到了需要進行結構性調整的時刻，唯有隨遇而「變」，不斷思考並挑戰自我，才能從容不迫，與時俱進，尋出一條活路。

創造力習作

一、二、三，深呼吸
三題三分鐘動動腦

Q1

請問在疫情三級警戒期間，你認為自己是否輕鬆自在的隨之適應著改變？

Q2

打破舒適圈本來就不是一件容易的事情，而對你來說，有哪些意想不到的收穫？

Q3

面對依舊難以預期的未來，你是否因此而調整你的人生次序及人生觀？

打破慣性迎戰「變」為新的日常

工作慣性的變

◎在家工作
◎高彈性自由工作擴散

交流慣性的變

◎更依賴社群網路服務
◎數位轉型議題更受關切

居住慣性的變

◎改為生活品質而居
◎居家空間意識提高

飲食慣性的變

◎自炊、外送服務增多
◎冷凍食材／食品接納度提高

人生價值的變

◎重新思考人生次序
◎被迫尋找因應變化之道

……

處於破格的時代，
背後直指的就是人類已經到了需要進行結構性調整的時刻，
必須隨遇而「變」，找出新的活路。

NO. 49

社會價值創造

×

你也許聽過「社會設計」，但到底該如何下手？

社會設計　設計思考　人本設計　同理心　田野調查
問題意識　利害關係　共益共榮　與問題共處

日本社會設計師筧裕介如此定義社會設計：「社會設計是運用人類的創造力，探求社會這種複雜問題的解決方案之行爲。」這是一種猶如在叢林中開闢道路的過程，要怎麼開路、要開怎樣的路，因選定的議題而異，但有一些共同的面向，可以納入設計思考，而這也是過去擔任新一代設計獎社會設計類評審，自己用來衡量好團隊的七項準則，提供給大家參考。

1 ─問題意識

投入的主題，從何而來？爲何而戰？社會設計的複雜度勝於傳統的單物件設計，在承接議題之後，要盡可能與自身的生命經驗相扣合。投入的起心動念，以及後續引發的問題意識之間的脈絡，只要能梳理清楚，大概就成功一半了。

2｜在地性

在社會設計上，議題最好能有相當的在地投射，所謂的「在地」，不見得是地方，也可以是一個場所，才能更具體想像這個議題會如何展開，而「在地」的眞實性，也能讓議題更爲落地、可視、聚焦，後續才能有實踐的可能。

3｜利他性

有設計背景的人在創作時，要更能用人本的視角去思考，例如作品有沒有進行田野、有沒有經過測試，避免只是出於自我感覺良好，就認爲議題有某種程度的公共性、社會性或利他性。社會設計作品背後所展現的「同理心」絕對必要，而一切來自於是否源自眞實。

4｜關係互動

對服務設計、商業設計來說，使用者很重要，但在社會設計範疇，利害關係人才是關鍵。社會設計的複雜程度，堪稱人本設計之最，因爲當中有許多不可控的變數。一個作品或案子要處理的是單點？線性？還是全面？如果是全面，那在整個系統上會有多位利害關係人，彼此之間的互動、層次及生態性的脈絡又是如何？設計者必須有能力予以解構，才有辦法對症下藥。例如，一件孕婦手冊的改造工程，主要使用者會是孕婦，但冊子能否讓另一半更容易理解，能否讓護理人員更好使用、記錄，也會是關鍵考量。

5｜實踐性

既然是社會設計，入世絕對必要，因此作品的設計過程中，有沒有鎖定一處田野，從觀察、從使用者研究、利害關係人解構扎實做起？或者基本上還是以往的產品思維，先想好產品才去驗證？其次，在創意、設計以及產品或方案開發完成之後，有沒有再回到田野處進行測試，找到盲點，再進行優化迭代，讓整個計畫更貼近「眞實」，這絕對是很重要的事情。

6—影響力

設計者選擇的議題，必然與自己的生活經驗、所屬區域等相關，不妨放大膽去挑戰深沉存在的社會問題，找到有影響力、擴及深遠的主題。這樣的議題固然難，卻比較有挑戰，也可從中看出未來性。

7—持續性

不是只解決短期的現象，而是從系統結構下手，選擇具有持續性及永續的議題，無論採取的是方案模式或是有形體的設計。社會設計是一個漫長的社會改造行動，所以方案的想定與規劃，要能有長期的思維，才更符合實際。設計時必須考量如何創造更多的互動機制，讓人與事件、人與機制，能持續的保有關注、熱度、參與感，畢竟社會之病，絕對不是一時可解。

社會設計已漸漸改變人們對於設計的認知，成爲有設計背景與非設計出身者的一個交集，衷心期待更多勇者投入，爲這個社會創新價值。

創造力習作

一、二、三，深呼吸
三題三分鐘動動腦

Q1

過去是否聽過「社會設計」這樣的說法？而你的認知為何？

Q2

「社會設計」是為了解決社會失能下的問題而來，但如果問題過於深沉，不是短期可以處理，那該怎麼辦或保持怎樣的態度？

Q3

可持續性是一個有趣的觀念，尤其面對社會的流動性，但在實踐之路上，該怎樣集結志同道合的夥伴一起前進？

社會設計從何下手？

進行社會設計的 7 個思考面向

1 問題意識

◎釐清出發點和問題意識之間的脈絡

2 在地性

◎藉「在地」的真實性讓議題更聚焦

3 利他性

◎對議題的公共性發揮同理心思考

4 關係互動

◎考量整個系統的所有利害關係人

5 實踐性

◎鎖定一處田野扎實做起

6 影響力

◎挑戰擴及深遠、有未來性的主題

7 持續性

◎創造長期的互動機制以維持關注度

……

社會設計已漸漸改變人們對於設計的認知，
成為有設計背景與非設計出身者的一個交集，
為社會創新價值。

NO. 50

群眾共識創造 × 公開票選就是民主？小心「參與式」陷阱

參與式設計　設計思考　投票就是民主　行銷　專家效度　地方 DNA　鄉民智慧

隨著民眾公民意識抬頭，熱衷參與公共議題的討論，「參與式設計」的思維及方法，也就常成為公私部門置入的解法。而標榜群眾參與，透過行動中體現共創精神之「工作坊」模式，成為實務界與社區、地方等相關活動中的必要「標配」。

國家推動「地方創生」政策，透過資源下放來驅動改變，期望引動地方的各式利害關係人，合力挖掘並思量在地的特色與魅力，由此廣納訊息，再來收斂，找到方向可行的各式提案。這樣的概念十分貼近「參與式設計」或所謂「設計思考」的精神，但真正落實到各地又是如何？

依據我的經驗，你很可能會看到平日忙於行政事務，無暇思索未來或改變的公所，找來周邊的大專院校，或透過關係找專家來協助，然後行禮如儀，把認知中可能的利害關係人找來，地方業者、地方代表、地方協會、地方學校等，在有限的時間下，透過工作坊來發想。這時，如果引導團隊不夠專業，在短時間內，從參與者自身片段經驗所集合成的內容，最後極有可能流於各抒己見、即興式內容的集結，或是拋出需求的民怨大會。而這樣所產出的結果，眞的具有可參考性或意義？還是只是一種民主下的形式主義？

群眾參與可能創造反效果

來看一個典型的例子，近幾年「可愛吉祥物」屢屢被採用爲台灣公私部門的宣傳戰術，那麼該如何決定吉祥物呢？通常決策都會導向開放全民徵件，經內部初選，再舉辦全民大票選。確實這個模式的背後有著群眾參與的思維，引起討論熱潮，選出的應該就具有代表性吧。

但不知道大家還記不記得在這樣模式之下的一場悲劇，那就是國民黨青年部在二〇一八年舉辦的吉祥物大選，同樣開放全民徵件，從中挑出十強，當中編號第七的角色「有朝氣的雞」，被網友稱爲「虧雞」或「進擊的雞人」，因十分無厘頭的造型與設計理念，最後被反串成爲第一名，當然這個百年老黨期待能貼近青年的活動，就此鎩羽而歸。

專業者與參與式共創謀求平衡

從前述兩項近期常見的參與式模式，我們不禁要反思，所謂群眾的智慧，會不會反而成爲另一種新民粹？所謂的民主、公平，會不會到頭來，只是一種形式上的共識，卻未能創造出最大的綜效？透過群眾參與，某種程度上確實可以廣納意見，並可達到機關最喜歡的宣傳效果，但反過來說，會不會因此輕忽掉行動背後所需具備的專業性？

譬如，爲落實地方創生的參與式工作坊，集結一群每天在地方工作生活的人們，一同來進行討論，很自然地大家談到的都會是眼前迫切的問題，像是東西很好但如何賣得夠好，最終得出來的結論，或許是舉辦更多的物產季以行銷曝光之類的短期行動。但有沒有可能回到生活、回到永續來思考地方，或者納入更多不同的觀點，讓「關係人口」的概念作爲放大創生可能性的解法，創造出更多元性、前瞻性的視角。

「參與式」精神確實能有效結合相關利害關係人來進行共創，透過行動的展開，讓他們不僅有歸屬感，從而產生認同，但是許多看似軟性的議題或內涵，背後牽涉到設計的複雜性，不容輕忽專業者的角色。

參與式工作坊的共創價值值得肯定，但也要留意其核心內涵能否被體現，找到專業者與地方民眾共創聯攜之間的平衡，才不至於落入徒勞無功的結果。

創造力習作

一、二、三，深呼吸
三題三分鐘動動腦

Q1

你認為具某種專業性的內容，是可以透過「公開投票」的方式來進行決策嗎？

Q2

「參與式」工作坊或會議的產出價值，是過程中的共識討論，還是只是那個結論？

Q3

我們常聽到說要「尊重專業」，這是不是代表依舊有「專家效度」之存在必要？

「參與式設計」的應用場景和其挑戰

落實參與式設計

常見問題

◎只求形式上的共識
◎輕忽設計的專業性、複雜性
◎引導團隊專業性不足
◎集結的即興式內容參考性不足
◎無法創造最大綜效

優點

◎透過群眾參與，達到宣傳效果
◎能廣納利害關係人意見，進行共創
◎參與者對產出結果產生認同感

……

參與式工作坊要找到專業者與地方民眾共創聯攜之間的平衡，
體現其核心內涵，
才不至於落入徒勞無功的結果。

NO. 51

區域識別創造 × 讓「公共藝術」激發你的城市覺察

城市品牌　區域主體性　軌道建設　公共藝術
社會設計　意義創造　象徵隱喻

不知道有沒有人思考過新北市「環狀線」存在的意義？這一條弧圈般的大眾運輸路線，宛如一條新北市的內聚航路，把新北人圈在一起，能維持區域之間的內聚連結，又不失流動性。環狀線的通車，讓新北市蛋黃區（新莊、板橋、中和、永和、新店）近兩百萬的市民們，可以期待有一天不用再看台北臉色，漸漸形塑未來的在地生活聚落，讓城市的主體性更爲清晰。

因環狀線而生的公共藝術背後，似乎也有意無意的醞釀了這樣的新可能。如果你有機會進到板橋站，循著黃色的指示來到環狀線站體，必然會被有著多元色彩的空間風格所吸引。這是法國藝術家丹尼爾．布罕（Daniel Buren）的車站地景作品，「七彩寶盒」是他的創作概念，透過垂直、對稱、鏡射、穿透、對比等方式，用八種顏色進行配搭，爲空間創造了耳目一新的視覺感及流動性，期盼透過這些色彩線條擦亮城市光芒，讓板橋找回主體性，而不再是各種運具抵達台北車站前的「那一站」。

覺察色彩的寓意

目前台北捷運的多條路線中，淡水線（紅）、中和線（橙）、松山新店（綠）、板南線（藍）、文湖線（棕），似乎就爲城市各區域串起如彩虹般的光譜，而板橋環狀線車站，透過七彩寶盒公共藝術的表現形式，則展現了隱含的串聯企圖性。

另一方面，環狀線的代表色黃色，在色彩學上，不僅是明度最高的顏色，在古老中國宗教學上，還代表著中位，如此又創造出一個無比微妙的寓意。而這樣的巧合，是不是也象徵著，新北市的首善之區板橋，能從這邊開始，逐步找回在地意識與自信心，由此出發，透過環狀線擴散到蛋黃五區，最後擴散到二十九區的四百萬人，改變就此而起。

串聯城市住民共同體意識

公共藝術的存在，不只是純粹美觀，不只是爲城市增添色彩，也不只是爲了接地氣，它更可以爲城市、爲行動創造一個深遠但綿長的象徵及意義性。就如同二〇二〇年十月在府中捷運站舉辦的「新北風——地方創生風格展」，之所以選擇讓一檔創生展在此舉行，無不期待從這處人口流動稠密的地方來進行倡議，讓大家更明白創生不是偏鄉的事情，而是大家的事，每一個人都應該從關注自己的生活，思考區域發展的未來性。無論你是居住在蛋黃區或在偏遠區，新北的二十九區都應不分彼此，透過實踐，透過購買，相互支持，成就一個新的生命共同體。

隱喻區域發展未來性

而從這樣的角度重新來看環狀線周邊的公共藝術，將會有更深一層的思考。環狀的存在，不僅是移動所創造的便利性，而是透過這個有形的改變，創造無形的鏈結，讓人能團結在一起，找回區域主體性與認同，找回新北市的多元文化，並珍惜每一段改變背後的機會，逐步創造進化。

當公共藝術能成爲串起人與人之間共同體意識的觸媒，新北市的未來，也必然如七彩寶盒一樣璀璨可期！

創造力習作

一、二、三，深呼吸
三題三分鐘動動腦

Q1

你是否仔細欣賞過城市裡頭常見的「公共藝術」，並曾思考過設計背後的隱喻？

Q2

從你的角度是怎樣看新北市環狀線板橋站由法國藝術家所創作之「七彩寶盒」設計？

Q3

你認為「公共藝術」存在的主要任務為何？

公共藝術隱喻「城市願景」行動

彩虹光譜多元串聯

◎移動便利性能創造市民無形鏈結

新北環狀線
「七彩寶盒」

視覺流動感鮮明新穎

◎展現城市進化的決心與行動

以明度最高的黃色為主色

◎找回城市的區域主體性與認同

……

公共藝術的存在，不只是純粹美觀，
更可以為城市、為行動，
創造深遠但綿長的象徵及意義性。

NO. 52

經典新銓創造

×

當「時代經典」成為商品，哪一款能讓你心甘情願掏錢！

歷史記憶 共感 集體參與 行銷溝通
用戶導向 品牌觸達 服務設計 時代行銷

體味騷擾（スメルハラスメント），是近年來日本社會對於因身上氣味造成他人困擾的說法，在社會集體意識下，這樣看似無聲無息且無端的做法，被視爲一種霸凌。當這樣的觀念被更多人所認知，許多上班族男性更有自覺，開始在意自己是否讓周圍的人覺得「難聞」，從而願意多花費時間、資源在個人清潔上，希望不要成爲一位不受歡迎的人。

而關於難聞的「臭味」，大致可分爲兩個部分，因出汗、內分泌或清潔不完全所發出的臭味，包含汗臭味及口臭味等，再來，則是因年紀與內分泌所引發的「加齡臭」，也就是俗稱的老人臭。根據日本媒體的初步統計，超過八成的中高年齡者，不論男女，都十分介意「加齡臭」這件事情，因爲這個不等同於汗臭味的體味，讓不願意面對已經邁向中年或老年的自己，又產生一種衰老的心理感。

對日本人來講，「四十歲是個微妙的分水嶺」，藥妝店裡，許多個人衛生清潔與保養用品，上面都大大寫著「四十歲必備」，告訴消費者，當你年過四十，就該配合身體的老化，進入另一個清潔及保養階段，也宣告著不正視加齡臭的來臨。而面對市場上多款標榜抑制加齡臭的機能性產品，身為消費者該如何進行選擇？品牌又能用怎樣的方式，為目標客群建立更深厚的信任感？

異業合作，投射歷史記憶

二〇一八年，日本男性清潔第一品牌，選擇與《北斗之拳》進行聯名合作。這部漫畫於一九八三年開始在《少年Jump週刊》連載，故事主軸講述人類文明因核子戰爭毀於一旦，少數的人存活下來，在這個弱肉強食的世界，一位胸口帶著北斗七星傷痕的男生，名為拳四郎，傳承古老中國拳法「北斗神拳」，成為救世主。漫畫在連載過後出版單行本，全球發行量超過一億冊，可說是現在四十世代、X世代晚期的中年大叔們，當年求學成長過程中，一段美好的歷史記憶，也是那個時代對於英雄、正義之士的投射。

經典新詮釋，誘發共感

該聯名產品邀請影星伊藤英明擔任代言人，讓拳四郎這個時代英雄，闊別多年再度與他當年的粉絲相見。而這一系列的抗加齡臭商品包含沐浴乳及濕紙巾，採用四位當年的人氣角色搭配經典台詞為主題，讓目標客群，可以從而回味故事。

在廣告影片中，拳四郎透過泡泡攻勢，殲滅反派角色拉歐身上所散發出難聞的加齡臭，並把拳四郎當年的經典台詞「你已經死了」，直接改為「你已經不臭了」，成為一秒勾起X世代記憶的廣告金句，令人印象深刻，也無比懷念，迅速在媒體與社群引起討論。

爬梳時代的脈絡，找出一個世代曾經擁有的共同歷史記憶，讓角色復活，並賦予新的內容，可說是一個相當精準且有趣的做法，從而引發出該世代對於過往的生活回憶，而這個概念傳達的迴圈也回到商品端，達到行銷溝通的效果。

也許對於剛進入四十歲的大叔而言，沒有人會接受自己即將或已經有老人臭這件事，但透過這樣的方式，讓每一位曾經著迷過《北斗之拳》的中年大叔們，因拳四郎的出現而產生強力共感，從而多了一個理由與機會，提醒自己好好正視加齡臭的問題，也許就如同拳四郎PK拉歐，願意去買來試試看這一款產品。而這樣的集體參與性，最終達到了廠商所想要的價值。

創造力習作

一、二、三，深呼吸
三題三分鐘動動腦

Q1

從小到大，你是否曾經有崇拜的偶像，卡通或漫畫中的角色人物？

Q2

當你的美好記憶被勾起，你會期待透過怎樣的模式（產品／服務）與其再續前緣？

Q3

你認為專為不同世代（二十、三十、四十、五十）及性別打造獨有的商品或服務，能更打動你嗎？

借用「時代經典」創造行銷新價值

鎖定產品的目標客群

爬梳該世代的共同歷史記憶

依產品特性，復活適合的角色／故事

以角色／故事／經典台詞為本，結合產品，創造新內容

引發世代生活記憶與話題性，從而產生共感

強化客群對產品的認知度與信任感

刺激購買行動，達到集體的參與性

……

找出一個世代的共同歷史記憶，
並賦予新的內容，從而讓人產生共感，
這樣的行銷溝通做法，可望引發集體的參與性。

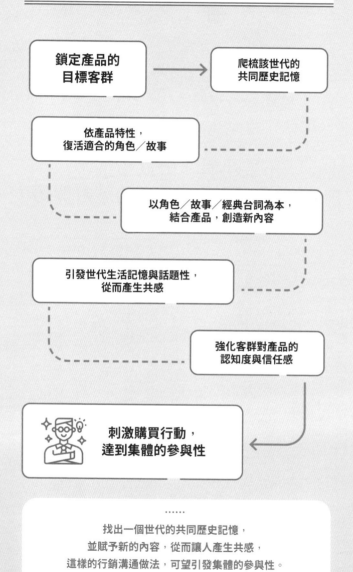

NO. 53

野生意念創造 × 不要小看「野武士」，創新通常就是從不起眼的下町開始！

創新　邊陲　企劃力　社群媒體　集體創造　群體互動　共感　跨文化　人本設計

受到人本設計的風潮影響，「人的需求」、「技術可行性」以及「商業模式」這三項構面的交集點，成爲所謂的創新起始點，但想迎向成功，其實還有一項條件：能否從最不起眼的地方出發？當你正處於組織的核心地帶，享受著成長的動能，以及眾人的期待感，在此情況下，肩膀上的包袱，常會讓人習於守成，而難以改變。也因此，創新常出現在資源貧瘠或不起眼之處，一般看似弱勢的邊界（frontier）或處女地，往往成爲孕育創新的天堂。

把這樣的思考，帶到二〇一九年開始在日本十分火紅的珍珠奶茶。「誰說珍珠奶茶中的珍珠，只能喝而已？」一句雲淡風輕的話語，揭開了這一波台灣國民飲品爆紅，並逐步蔓延全日本的理由。

在珍珠奶茶創始國——台灣，珍珠是拿來用喝的，是不可或缺的綠葉型配料，圓滾滾的外表有著無限魅力。要搶攻消費者，通常比的是哪家珍珠最大顆、最Q彈有嚼勁，或者強調誰的材料最天然，熱量更低卡，口味又獨特。

邊陲創新無框架

我們如此熟悉的珍奶並非首度登日，但這一次強勢登場，就不再只是純粹攻擊日本人的味蕾，而是滲透到更多樣的五感六覺：珍珠糖、珍珠沙拉、發光珍珠、珍珠鮭魚卵、珍珠奶茶酒、珍珠火鍋、珍珠口紅、珍珠樂園、珍珠遊戲……。珍珠無極限，正是這一波熱潮最令人驚豔的部分。所延展出的可能性，超越過去台灣三十年在珍珠奶茶的發展。探究其中原因，不就是一種屬於邊陲而起的叛逆與浪漫，在沒有框架下，能天馬行空聯合參戰的遊樂之心。

在台日友好的助攻下，日本這波如秋風掃落葉般的珍奶超展開，吸引了各行各業相繼投入，從原本喝的，到可以單吃、乾吃、混合吃，再到可以用、可以玩，成就「一個珍珠各自表述」的多樣化發展脈絡。而其中最大的關鍵點，在於各式社群媒體的蓬勃發展與串聯影響力，引動了一波全民參與的熱潮。

社群互動，擴散集體性創造

你可以在IG上，看到某個知名KOL，分享買到一杯號稱會發光的珍奶；或是在電視上，看到某位搞笑藝人正享用著沾麵，而湯匙上的是一顆顆的珍珠；或者臉書的活動頁才在分享，一座以珍珠爲題的樂園正適合打卡。「#タピ活」（珍珠活）這個網路用語，可說是過去兩年日本社群平台上最火紅的標籤之一，當你好奇點開，會看到各式各樣跟珍珠有關的行爲活動照片，了解日本人如何曬珍奶照，群體性的民族因而玩出了互動的趣味。

當吃的珍珠，轉化爲各式不同的功能之後，

它也脫離了台灣既有的脈絡，成爲一個充滿創造性可能的載體，從而引發的各種行動，也可視爲當代日本創意的集體創造，展現了跨文化之間異花授粉的趣味。

在日本人的巧思下，珍珠／珍奶化身當紅符碼，最終目的就是擴散，成爲一種與同儕之間交流的熱門話題。各行各業接力投入，保有一種微妙但相互拉抬的競合關係，也讓熱潮能波段展開。最重要的就是，大家能參與一場創新生成的集體派對，每位參與者，都能以成爲其中一分子，感受其集體性意義。

從此一跳脫，珍奶就不再只是從好不好喝來衡量，而是有沒有意思，能否創造共感。而支撐這樣的集體發展模式，背後正是日本最擅長的企劃力，也讓我們見識到，從邊陲爆發的創新可能。

創造力習作

一、二、三，深呼吸
三題三分鐘動動腦

Q1

「創新」這兩個字，無人不知無人不曉，而你怎樣定義它？

Q2

同樣是珍奶，為什麼日本在賦予它不同的意義與價值之後，就彷彿變成全新商品？

Q3

每年有那麼多從日本流行來台灣的事物，你認為哪一個具有相同的邊陲創新潛力？

從邊陲爆發的創新可能

人的需求

◎社群媒體引動全民參與
◎群體玩互動擴散話題性
◎熱門符碼創造集體共感

商業模式

◎各行各業投入相互拉抬
◎熱潮波段展開延續話題

日本之珍奶／珍珠創新

技術可行性

◎原有產品轉化為載體元素，充滿創造性可能

邊陲

◎沒有既定框架
◎跨文化詮釋延展多元性

……

「人的需求」、「技術可行性」、「商業模式」的交集，
構成創新起始點，若能從不起眼之處出發，
更有成功可能。

NO. 54

場所進化創造

×

即便還稱為「市場」，也是一處進化後的新品種場所

中介性　意義　場所精神　最小可行產品　MVP
創新　創業實驗場　食農教育　在地文化

探究傳統市場或市集的發展歷程，多半為地域性之下，成為在地居民生活所需依賴的重心。隨著時代改變，交通造就的便捷及流動性，再加上科技下的多元通路效應，供需關係的逆轉，當完全競爭市場來臨，每個人都能掌握數倍於以往的購買可能性，如此一來，因交易而存在的傳統市場，是否將不敵新零售的威力而不支倒地？新世代被透明、便捷、效率的新消費途徑圈養，還會想花時間去傳統市場嗎？

誠如馬斯洛需求曲線所示，人們除了物質及生理需求，還有好一大塊是看不見、但感受得到，關於意義追尋的渴望。如果我們從傳統市場存在最初的「中介性」去設想，或許能找到新契機。

市場曾經是人與人之間交會，彼此交換訊息之地；曾經是物與物之間交會，各取所需交換加值之地；曾經是人與物之間交會，找尋需求及價

値所需之地；或者曾經是人與境之間交會，所顯露出的場所精神，賦予人們一份安全感、鄉愁或約定的意義。那麼在當代，如何延續傳統市場的「中介性」，並且讓人們願意造訪呢？

想像1｜能否讓市場成為一處創業實驗場

市場不只賣農產品，還嘗試讓各路英雄好漢，拿出其看家本領，用看似不甚成熟的模式，提供產品及服務，來交換其價值，學著面對眞實消費者，修練對於商業機制的理解，歷練最小可行產品（MVP）[1]，成爲新手創業家的舞台。

想像2｜能否讓市場成為一處食農教育基地

讓市場成爲兒童飲食的啟蒙基地，教導農、漁、牧業與食物之間的關係，梳理關於土地的故事，生物、自然及生態間的遭遇，讓產地到餐桌不再空洞遙遠，在此學習理解何謂新鮮、健康。

想像3｜能否讓市場變成一處新手家庭冰箱

從一個人成爲兩個人，再到一家人，最大的差距應在於「廚房」，由隨遇而安，進化到爲新生命的養育而戒愼恐懼，起身振作做飯，起手式絕對要從新鮮食材取得及建構採買系統來展開，而市場內的每位小販，都將是家庭的食材料理導師。

想像4｜能否讓市場變成一處在地會所

人因流動所伴隨而來的移居，如何順利融入地方，成爲「在地人」，傳統市場可以扮演一個相當好的介面。供需雙方在買賣過程中交手，客人之間習於透過彼此分享，來證明自己的老資格，當經驗傳遞著一件件在地知識，互動之間，自然而然建構信任，因爲交流而融入，成爲自己人。

想像5｜能否讓市場成為一處在地文化探尋地

對於旅人而言，傳統市場未必是造訪之必要

1 MVP：Minimum Viable Product，最小可行產品，為新產品開發或新創常用的名詞，用來指在產品及服務開發初期，不見得要做一個完美產品，而是有一個初步的架構就可以先進入市場進行相關測試，並從過程中進行優化的一種思維及方式，不僅更具時效性，且更能貼近實際的需求。

選項，但從人類學觀點，在地的常民文化，最易保存在看似日常，實則賦予差異而非常的飲食及素材之間，從市場可以去了解在地風土，窺看在地生活之多樣性，許多有形無形的文化遺產，其實就存在於市井中的攤位層架之間。

想像6｜能否讓市場成為一處鄉愁記憶寶庫

關於鄉愁的記憶，多半遺留在五感六覺經驗，也許巧妙的藏匿在市場內某處攤車的甜品裡，當不經意品嚐，味覺被勾動，瞬間記憶就此還原。關於在地生活記憶的追憶，除了老照片之外，市場可以是另一處最赤裸且眞實的切入路徑。

對於傳統市場的「中介性」，我們不妨貼近時代脈動，換上新的思維來想像，賦予新的意義，創新價值，讓未來的市場可以很不一樣，並且繼續與民同在。

創造力習作

一、二、三，深呼吸
三題三分鐘動動腦

Q1

你對於傳統市場，有著怎麼樣的經驗與印象？

Q2

你認為十年、二十年，甚至三十年後，市場還依舊存在嗎？還是已被取代？

Q3

如果市場不賣東西，它還可以做什麼？你對未來市場有何具體想像？

傳統市場迎向未來的六個想像提案

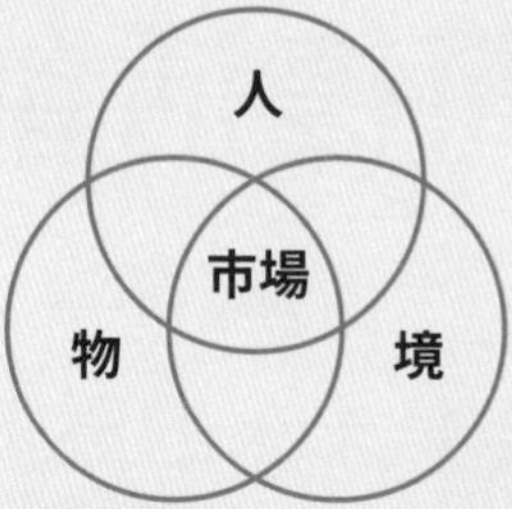

◎傳統市場的「中介性」，體現於人、物、境彼此之間的交會及交換

↓

賦予市場「中介性」當代新價值

1. 成為一處創業實驗場
2. 成為一處食農教育基地
3. 成為一處新手家庭冰箱
4. 成為一處在地會所
5. 成為一處在地文化探尋地
6. 成為一處鄉愁記憶寶庫

……

貼近時代脈動來想像傳統市場的「中介性」，賦予新的意義，
創新價值，讓未來的市場不一樣，
並且繼續與民同在。

NO. 55

空間復活創造

×

活化是未來的關鍵，讓「廢校復活」引動發展新契機

地方創生　地域活化　空間再利用
廢校再生　創造力　歷史記憶

少子化的國安危機，最直接衝擊的就是各級教育的招生，從科系的停招，再到廢校。

過去十多年，日本已經有許多有意思且創新價值的廢校活化案例，如九州鬆餅的日本社長兼地域活化專家，村岡浩司先生，在愛鄉愛土的情懷以及商業思維下，買下了日本宮崎縣偏鄉的一座廢校，改造成一處創新空間「MUKASA-HUB」。其實應該這樣說，因爲日本的廢校可進行所有權的轉讓，允許自由買賣，所以取得的業主，就願意花費資本投資，無論是空間的裝修，還是後續營運，都能有不同以往的思維。原本的舊穆佐小學校於是被改造，成爲這處融合企業研發基地、新創空間、時常舉辦各式聚會的據點，爲舊校舍重新注入活力。

而在日本四國地區，人口不到一萬五千人的高知縣室戶市，一所椎名小學校在二〇〇六年因招生不足而宣告廢校。在荒廢多年之後，終於引

起了NPO組織日本海龜協會的注意，有意改造成水族館。經向日本政府申請龐大補助金（五億日圓）並妥善維修改造後，於二〇一八年正式開幕，成爲充滿魅力的「室戶廢校水族館」，第一年造訪人數即超過十七萬。爾後，節節高升的造訪人潮，讓這座小鎮熱鬧了起來。這裡沒有坊間水族館的高級設施，而是盡可能運用學校空間的特性來進行改造，讓學校與水族館能融爲一體，也因此成爲一大特色。

以上這兩個日本案例，都印證了廢校活化的三個關鍵點，值得我們深思。

1｜廢校可進行買賣，或使用權讓渡

買斷或承租，老實說會讓業者產生不同的經營思維，除非空間能長期營運，不然多半不願意投資來進行大幅度改造。在日本因爲業者可握有廢校所有權，所以能依照實際用途來進行校舍改造，多半空間都只留下外觀，內部的機能則有全面性的進化。反觀台灣，囿於法規，廢校空間多半只能提供給周邊發展協會或是小農進行低度使用，無法相比。

再者，日本透過多重的機制，讓在地企業家、知名企業，甚至協會，會有意願參與廢校活化行動，當然這代表政府部分也需要投入相當資源，畢竟要在偏遠的廢校營運，與其說追求獲利，不如說怎樣「用」出新的機會。

2｜引入創造力及創新做法

無論打造成什麼樣的新空間，都必須突破現有框架，來想像可期的未來，畢竟多數的廢校所在地都是人煙稀少之地，因此要改造，得從空間、內容及目標客群多重角度來梳理，當然不忘加入在地性，創造此地獨有的魅力，才有可能創造吸引人造訪的理由。

3 由愛鄉愛土、有經驗、有決心的人來經營

如果只是貪圖營業的利益，廢校不會是一處好標的。關鍵應在於經營者對於這個地方是否有眞感情，無論是村岡先生也好，海龜協會的成員也好，都抱持極大的使命感與決心，並具有相關營運經驗、能力，擁有全國知名度，因此能妥善融合在地資源以及人脈連結，創造話題，讓再生的廢校能成爲指標性據點。

日本因少子化問題持續嚴峻，一年有超過四百所廢校誕生，台灣也面臨著類似的危機，無法迴避廢校如何活用的議題。廢校，若不去使用，它就是一處閒置空間，但別忘了這處空間乘載了區域裡人們世世代代的歷史記憶。如果讓空間能再度被使用，縱使功能改變了，但運轉的校舍，就會因續存而找到新價值，長出新的場所精神，讓原本的在地性意義不至於全然流失。廢校該怎麼活化？這將是未來我們需要共同面對的地方共業。

創造力習作

一、二、三，深呼吸
三題三分鐘動動腦

Q1

你是否想過，當有一天你曾經就讀的小學變成廢校，你會作何感想？

Q2

是否造訪或參觀過任何的廢校？如果有，請回憶一下你的感受。

Q3

你認為廢校的活用關鍵在哪裡？做有錢賺的事情，還是融入學校，創造出獨一無二、有意義、有魅力的營運可能？

廢校活化與創新的三大關鍵

01

廢校可進行買賣，
或使用權讓渡

◎業主能因應用途，大幅改造校舍空間機能，落實長期營運思維。

02

引入創造力及創新做法

◎加入在地性，從空間、內容及目標客群來梳理改造的創意。

03

由愛鄉愛土、有經驗、
有決心的人來經營

◎業主能妥善營運，融合在地資源及人脈連結，創造話題。

……

廢校若能再度活化使用，縱使功能改變，
校舍也會因續存而找到新價值，
讓原本的在地性意義不至於全然流失。

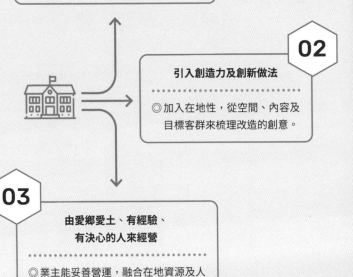

NO. 56

共同體創造 ✕ 虛實整合，重建「城市」主體性，環狀線是重要一哩

軌道建設　城市主體性　共同生活圈　緊密都市
環狀線　光榮感　新北市　共同體

過去講到「環狀線」，也許對多數台灣人而言，位於東京都內的「山手線」，是對於「環狀」的想像，彷彿在都市裡撒下一圈彩帶，藉以把區域內重要據點連結起來，創造充滿領域感的生活圈。而之所以爲環狀，就是無論怎麼繞，你都離不開這裡，如果不下車或睡過頭，繞過一圈你仍會回到原點。這是一個很特別且頗具巧思的設計，透過路線連結區域，而有別於用以鏈結城鄉的縣境規劃，如幫浦一般的把人潮日間往城市運送，夜晚回送郊區休息安頓的思考邏輯。

就在二〇二〇年的一月底，屬於台灣的一條「環狀線」通車，雖然初期只先完成一道「半圓」，但透過這道百分之百座落在新北市土地上的弧面，除了成就運輸功能，也創造了一個深刻的意義：這應該是少數的公共建設，新北市找回主體性，而不再是台北市的延伸之地。

雖然過往新北區域之間的公車網絡已相當密

集，但這一次是加入先進、可靠的軌道運具，用十四個車站，串連起新北市轄內的所謂「蛋黃五哥」——人口數一點都不輸一個縣市的板橋與新莊，人口稠密無比的中永和地區，還有友山移居的新店。這個新北市的二十九分之五，人數加總起來超過兩百萬，不僅佔新北市人口一半，更堪稱爲台灣最密集的人口流動廊帶。

以軌道建設為中介，形塑城市主體性

無可諱言，新北市與台北市之間，有著剪不斷、理還亂的關係，彼此連動的發展，新北所扮演的不僅是勞動人口的供應地，也是台北的腹地，因此在都市規劃中的交通設計，就一直用著「輸送帶」的思維在思考，無論是新莊線、新店線、板南線或中和線，都是以台北爲核心來進行擴散，而各個區域之間就順理成章的成爲台北的衛星城市，或稱都市旅館，白天進城工作，採買生活，晚上回家睡覺，安頓自我。

關於雙北所共構的共同生活圈，背後其實新北市的主體性一直是模糊且帶有邊陲感的。而在升格直轄市十年時，隨著環狀線的通車，似乎燃起了一項契機，也許就是透過有形的軌道，做爲象徵且中介，讓新北生命共同體的認同感得以建構，讓生活聚落的形塑成爲未來的可期必然。

串聯城市蛋黃區發揮整合效應

尤其當台灣的地方創生揭竿而起，以求抵抗高齡化、少子化、城鄉失衡的局面，緊密都市的思維，也將成爲未來城市發展的一帖可行解法。處於這個當下，也許可重新反思，新北市是否就此化被動爲主動，來著手降低對於台北市的依賴？尤其透過新北市五大區之間的串聯整合，所創造的共振效應，能期許未來不僅工作、就學、就醫，不必都依賴台北，而可以經由環狀線路，來互通有無，讓食衣住行育樂都能更在地，甚至透過台北聯通比鄰的親友，慢慢形成屬於新北市的主體性認同。

環狀線的出現，猶如一條無形的鎖鏈，對於新北市的地方經濟，對於區域發展，將創造前所未有的局面，讓新北市的兄弟姐妹，能重新熟悉，找回自信及支援協作的可能，成就一個最大且多元的生活圈背後的支持系統，讓彼此的關係更爲確立，而行爲也會隨之改變。當然這一切都需要時間，但這樣的成形，確實已踏出了象徵性的第一步。

創造力習作

一、二、三，深呼吸
三題三分鐘動動腦

Q1

你是否想過「交通」雖然只是一項生活機能，但背後也代表著認同感？

Q2

在你的認知中，台北市與新北市之間的差異為何？一樣都是台北人，還是有所不同？

Q3

你認為城市的認同感及主體性重要嗎？如果重要，那可以從哪個環節做起？

凝聚「城市共同體」的轉變進程

之前的新北市

◎扮演台北的腹地
◎捷運採台北為核心的「輸送帶」思維
◎靠公車網連結市內各區域
◎生活眾多層面仍依賴台北

❖新北市「環狀線」：
城市發展的象徵與
中介

之後的新北市

◎慢慢找回主體性
◎捷運「環狀」思維強化在地共同體認同
◎用軌道運具串聯五大區創造共振效應
◎可預期更完善的在地生活聚落形塑

……

環狀線用可靠的軌道運具，連結區域內重要據點，
創造充滿領域感的生活圈，
可期待逐步建構城市的主體性認同。

NO. 57

在地知識創造

×

創生之路上，「社區大學」不應缺席更要積極參與！

地方創生　社區大學　地方 DNA
挖掘　轉譯　詮釋

「地方創生」正式成爲台灣在面對未來的國策以來，所引動的風向，刺激一些產業開始思考「我與地方創生的距離？」。二〇二〇年首次舉辦的台灣地方創生年會，參與者從官方到民間，舉凡農業、旅遊、文化、科技、教育、通路、媒體、設計、社創、甚至社福及照護，通通來了，似乎讓人看到城鄉、產業之間，有一種隱約的動能，正在逐漸匯聚悶燒。

地方創生到底是誰的事？當創生連動著人們的未來，不得不說，似乎就會成爲全民共同的事。重要的是，如何激發想像力與實踐精神，讓每一個人、單位、機構，都能從自己的專業和能耐出發，思考與創生之間的關係。

我曾受邀前往台北市多所社區大學進行地方創生相關議題分享及諮詢，每當獲邀，都會很淘氣的先詢問對方：爲什麼人稱天龍國台北市的社大，也需要關注地方創生？社大自認爲可以投入那一塊範疇？出發點並非刁難，而是期盼對方能先思考過這些問題，因爲，或許很少人注意到，在社區大學發展條例第三條中，明確寫出社大是「以提升人民現代公民素養及公共事務參與能力、協助推動地方公共事務、強化在地認同及地方創生、培育地方人才、發展地方文化、地方知識學及促進社區永續發展之終身學習機構」，原來社大也與地方創生有關！

發揮在地性知識與人脈的利基

那麼，社大要選擇繼續置身事外嗎？目前學習管道透過網路社群、線上課程而無遠弗屆，社大是不是也遭逢生存危機？當地方創生就是強調以地方爲主題，以挖掘地方魅力爲首部曲的行動之時，社區大學何不抓住機會突破，搶佔其在創生年代「被需要」的戰鬥位置。

所以，由社大來舉辦導覽課程？培訓志工？如果沒有多一點的想像力求自我超越，很有可能繞過一圈仍回到原點。在此，我想建議往「地方ＤＮＡ」這個方向著力。

如果期盼地方的產官學研社之間能相互串聯，最終提出一個有價值的「創生事業計畫」，關鍵之一，在於能否精準有效的挖掘在地具有潛力及魅力的元素。社區大學因其公共性，還有學員對於在地知識的能量，很適合肩負起這樣的支持角色，在萃取地方ＤＮＡ的「挖掘－轉譯－詮釋」三步驟中給予協助。

扮演萃取地方魅力的支持角色

在「挖掘」過程中，如果可以對地方文史素材再加入一些不同維度的視角與思考，如透過專家以身爲度後的經驗、透過學員路上觀察等不同採集的模式，保留下好的文本紀錄，必能豐富地方的紋理。在「轉譯」階段，協助把這些在地的故事與現象進行解構，讓文本資訊或碎片資料能轉化爲可供使用的素材。在最後的「詮釋」階段，必要時可支援詮釋者迅速對接脈絡，以便能透過內容策展、遊程設計、情境展演、產品設計、視覺包裝等各種具體可視的模式，把地方的精彩進行輸出。

想像有這麼一天，全台九十多所的社區大學，都能成爲有志投身地方創生事業者的支持系統。你可以自在踏入社大，從這邊來鏈結你所需要的人脈，請益所謂在地性知識，爬梳地方DNA，並有一群熟悉在地脈絡的人來協助你進行挖掘與轉譯，讓你可以省去許多接地氣的力氣，直接從這邊出發來進行內容詮釋。

如何確保不被缺席，不被孤立，找到被需要的發展利基，這是創生年代，社區大學，以及我們，都需要有的思考。

創造力習作

一、二、三，深呼吸
三題三分鐘動動腦

Q1

請問你是否曾經想過「地方創生」與「社區大學」有關？為什麼？

Q2

社區大學的參與族群較為成熟，但多半具有地緣性，如何激發更多元的參與？

Q3

社區大學具有公共性與區域代表性，能否挖掘並儲存在地DNA，為在地創生積極貢獻？

社區大學在創生時代的存在價值

社區大學

◎公共性
◎在地知識

協助萃取地方 DNA

◎挖掘
◎轉譯
◎詮釋

扮演地方創生支持角色

◎助攻產官學研社之間串聯
◎成為有志於地方創生事業者的支持系統
⇨鏈結人脈
⇨諮詢在地性知識
⇨爬梳地方 DNA

……

**地方創生連動著人們的未來，
每一個人、機構，都要從自身的專業和能耐出發，
思考如何激發想像力與創生實踐精神。**

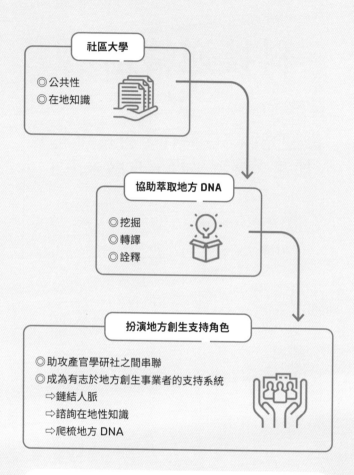

NO. 58

科技逆轉創造

×

歡迎光臨 5G 時代！科技介入，加速「城鄉平權」永續未來！

科技革新　行動通訊　地區活性化　城鄉平權
地方創生　未來創造　SDGs　socisty5.0

二〇一八年十月，在仍鮮少人理解何謂「5G」的當下，日本總務省在YouTube推出一支三分鐘影片「Connect future～5Gでつながる世界」（連結5G以後的世界），嘗試透過實際情境來預告可期的未來。

影片採第一人稱視角，劇情以一位年輕男生乘坐無人駕駛車前往鄉下探親的過程爲主軸線，影像劇情逼眞，大肆展現5G時代的各種新可能。當車子行駛在蜿蜒的鄉間小路，乘坐者不僅不用擔心車況，更可全神貫注於如臨現場的畫面，觀看千里外的球賽實況。另一頭居住鄉間的祖母，因爲5G技術，不須千里迢迢遠行就醫，而是可從容在起居室，透過即時視訊請醫生看診，精密度如同到診間一般。務農的祖父，可以透過自動化設備噴灑農藥，讓從農不再是苦差事。鄉下因人口嚴重減少，爲了維繫機能，無人商店成了必要的解法，借助科技讓交易持續進行。如果遭逢語言障礙，因5G高速低延遲特性，讓即時翻譯的跨語系溝通得以順暢進行。而當相聚不易，透過全像投影技術，也可在一秒之間，讓如眞人實體大小的影像即時出現在同個時空下相見。

這樣如同科幻片中的情境，並非虛幻，也許不少人在觀看過程中，會有滿滿的切身感，「原來這就是即將來到的未來？」、「一片孤寂感，這會不會就是地方消滅的眞實版？」……在日本及台灣，「地方創生」政策的推出，猶如吹響搶救地方生存戰的號角聲，而看似沒有機會的地方，眞的可以因爲5G的出現，重新點燃希望嗎？

借助科技突破地方侷限

台灣的行動通訊在二〇二〇年，正式進入到標榜高速度、低延遲、高容量之5G時代。還處於4G年代時，人們已重視將科技導入創生之中的必要及重要性，尤其鄉下人力普遍短缺，無論工作、生活都需借重科技之力，但關鍵還是在於技術上的受限，讓許多服務落於實驗性質。

因而，我認爲從4G過渡到5G，最大的改變及價值，絕對不僅速度提升一事，而是在於可靠度、低延遲確定，讓許多事情化爲可能。試想處於數位時代，還要忍受不連續互動模式，對使用者經驗絕對是一大挑戰，況且手術、機具操作等，「穩定性」是絕對必要條件，因此5G的確立，也象徵著自動化服務的革新，讓地方從中找到一個突破性的發展契機。

可望翻轉城鄉發展優劣勢

可預期隨著5G化的來臨，居住在地方的人們，因科技的便利性，提升生活品質之外，更能幫忙解決買物弱、移動困難、醫療資源不足、勞力短缺、人際交流減少等種種切身困擾問題，進而達到安居之可能。而居住在城市的人，或許會因爲這樣的改變，啟動移居或二地居住的意願。當遠距工作、相互聯繫即時無礙，這時樂業不再是都市獨有，人們可依照自身的想望來做出抉擇。當醫療可以透過遠距、教育可以透過線上，地方的劣勢逐漸被克服，城市沒有的環境優勢更顯明，這樣一來，城鄉之間的優劣，或許將會產生意想不到的反轉，城鄉平權更爲可期。

有人擔憂，這樣一個未來世界裡，在看似即時、眞實背後的虛擬，會不會將加速無緣社會的來臨？或許我們該思考的是如何不被科技所綁架，還能堅持人與人充滿溫度互動之可能，思索如何讓「見面」成爲一種人與人之間定期的交流儀式，賦予嶄新的意義與價值。迎接5G時代的來臨，請同時連結地域振興的新想像，當然，還有對人際互動模式的新思考。

創造力習作

一、二、三，深呼吸
三題三分鐘動動腦

Q1

你對於5G的認知為何？網速加快，讓追劇、玩遊戲、開會更順利？

Q2

科技的應用與推廣，對於城市及鄉村來說，哪一處比較迫切需要？

Q3

如果台灣是個遍布5G的島嶼，你認為現況的哪些部分會隨時改變？

5G 科技導入是地域振興的契機

地方住民常見困擾

◎買物弱
◎移動困難
◎醫療資源不足
◎勞力短缺
◎人際交流減少

5G

✓ 穩定性
✓ 高速度
✓ 低延遲
✓ 高容量

◎藉科技之便提升生活品質
◎有助於解決地方住民常見困擾
◎開啟移居地方或二地居住意願
◎遠距互動無礙，催化安居地方樂業
◎加速翻轉城鄉原本優劣勢

……

將科技導入創生之中已是必然，
而 5G 的確立，象徵著自動化服務的革新，
也讓地方從中找到突破性的發展契機。

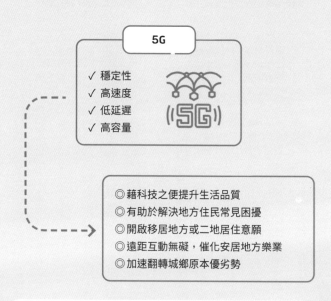

NO. 59

疫後新生活創造

×

危機變轉機，讓百年大疫成就「創生加速器」

地方創生　地域活化　力守在地　關係人口
地方消滅　瘟疫之年　加速器　有心留下來

COVID-19疫情之下的國境封鎖，以及全面性衝擊國內產業與民眾生活的警戒令，切斷了許多的互動與連結，爲地方倡議的「流動創生」、「關係人口」等策略戰術，好不容易點燃火種，似乎也瞬間灰飛煙滅……

當情勢來到這一刻，地方就只剩下最初的住民而已，這樣的情境，讓人宛如倒帶回到往昔沒有旅遊、交流不易的年代，卻也如同讓人戴上VR眼鏡般，預先前進到一個被高齡化、少子化、地方過疏襲擊的未來眞實現場。而這樣的預警，何嘗不是一個省思的契機。

地方團隊營運，融合文化性與社會性

在過去幾年隨著風潮陸續返鄉蹲點，或早已扎根多時的地方夥伴，在地方的投入大致可分爲兩種營運模式。第一類型爲非營利社造模式，多半投入地方文史調查、文資保存、文化轉譯等，

主要財務來源爲公部門經費補助；而另一類爲營利事業經營模式，投入範疇包含地方一、二級產業品牌化營運，以及包含旅宿、體驗旅行、設計新商業等營運。當然許多團隊多半會結合這兩種類型，但無論如何，具有較高的文化性與社會關懷，是這些團隊的共通點。面對疫情衝擊，相對於有政府計畫挹注的團隊，走事業營運的就較爲辛苦，造訪人潮銳減，嚴重影響到實體營業項目。

現金流軋不過來，營運空轉，再加上人流復甦不明，尤其當團隊或服務發展到具有相對名聲及規模之後，未曾預期會碰到如此意外，該如何面對挑戰？畢竟地方早就是安身立命之處，無所退路，必須咬牙撐下去。

疫情之下，思考新的交流接觸點

反過來說，有一個值得觀察的現象，那就是許多地方團隊所處的區域範圍內，常有著一處具高知名度之所謂「特色老街」，諸如三峽、鹿港、旗山、坪林等處，過往每逢假日無不人聲鼎沸，但隨著疫情發生，時間一拉長，許多外地過來純「做生意」的廠商，經不起損失，多半當機立斷選擇離開。而仍願意留下來的是誰？在地老字號，或早已把這裡視爲根據地之創生型團隊，因爲在他們的認知中，事業的存在不僅僅是爲了營利，而是期盼透過商業模式的建立可以達到永續性。

因此，出現一個非預期性的事件，不構成影響他們繼續深耕的理由，只是又得回到原點思考，能否運用別的模式，創造其他可能的接觸點。從這個角度來看，疫情猶如一面「照妖鏡」，照出業者是否有深耕在地的心，也讓我們更加看清楚，創造「觀光」的淺碟式消費，與創造「交流」的深度理解依戀，兩種行動之間的不同。

當城市因群聚現象令人心生恐懼，當遠距工作的可行性擴大，當國外求學、工作或旅遊的可能被打斷，都挑戰著我們對於「全球化」、「城市機能」等發展思維的執念，既有的價值觀也不免因生命面臨威脅而有所動搖，那麼過往始終屬於邊緣之「地方」，能否從中找到其存在的優勢及發展機會？

預應地方消滅，建構支持系統

疫情讓我們陰錯陽差的迎來了非常態的現象，但不妨視危機爲加速器，讓人能提早預應「地方消滅」將至的情境，刺激創生團隊，好好進行一場屬於地方未來的「超前部署」。更可運用這個契機，以十年爲期來瞄準聯合國所制定的SDGs 2030，思索與地方之間的關係，建構地方支持系統，用十年的軸線來進行思考，把危機化爲迎向未來十年之前的一場醞釀，開展宏觀新局。

創造力習作

一、二、三，深呼吸
三題三分鐘動動腦

Q1

從做生意的邏輯，如果事業無利可圖，為什麼要留下來？

Q2

當把自己種回地方，在追求生存的路上，是不是多了一份責任？

Q3

當觀光發展短期停滯，這時候是不是更適合回頭來思考，地方存在的意義？

地方實踐團隊如何因應「後疫時代」挑戰

以地方為根據地之創生型團隊

<table>
<tr><th></th><th>類型 1</th><th>類型 2</th><th>類型 3</th></tr>
<tr><td>營運模式</td><td>非營利社造</td><td>營利事業經營</td><td rowspan="3">混合
類型 1、2</td></tr>
<tr><td>營運內容</td><td>地方文史調查、文資保存、文化轉譯等</td><td>地方一、二級產業品牌化，旅宿、體驗旅行、設計新商業等</td></tr>
<tr><td>主要財務來源</td><td>公部門經費補助</td><td>實體營業項目收入</td></tr>
<tr><td>共通點</td><td colspan="3">✓ 具有較高的文化性與社會關懷
✓ 期盼透過可持續性模式的建立達到永續性
✓ 長期深耕在地，創造交流及深度理解</td></tr>
<tr><td>疫情危機因應</td><td colspan="3">◎非以營利觀光為目的，續留地方深耕
◎回到原點思考，運用別的模式創造接觸點
◎刺激團隊提早預應「地方消滅」情境
◎宏觀與地方的關係，逐步建構地方支持系統</td></tr>
</table>

……

不妨把 COVID-19 疫情危機視為加速器，
讓人能提早預應「地方消滅」情境，
刺激創生團隊，為地方的未來超前部署。

NO. 60

城市活化創造 ×「後疫時代」首都台北更需振作，創生不容置身事外

地方創生　關係人口　二地居住
地方 DNA　地方品牌　旅遊體驗服務

台北市的視角習慣向外，當疫情之下，國門不開，便大幅衝擊這個依賴國際遊客與商務客的城市，而缺口勢必得從增加「國內往來」來填補。台北該如何將視角轉而向內，進行必要的觀光策略調整？以下嘗試以人本視角，從找回城市自身的特色，創造美好的體驗來帶動發展爲方向，尋求可能的戰術。

1－梳理台北十二區魅力，打造獨特的地域品牌

高都會感的台北，其實是一個自然豐富、有國際有鄉土、人文風格多元的城市，如何讓外地旅客也能理解其多樣性並被吸引。

行動的首部曲，應該是深掘十二行政區各自的魅力，各區具有怎樣的「縣民性」[1]？存在怎樣的「在地DNA」爲基底？而後透過轉譯、詮釋，讓地方因而立體。當地方性有所發揮，將各異其趣的走向一個品牌化之發展路徑，下一步就

1　縣民性：指的是當地居民因為風俗、氣候、文化、語言等的影響，造就每個地方的人有著獨特的氣質、個性及模樣，在日本相當熱衷於區域縣民性的探討及研究，從箇中的差異性可延展成不同的企畫、活動及商品，創造許多賣點與話題。亦參見 23〈區域差異創造〉。

2　天線店：antenna shop，為日本國內各自治體（道府縣）為了要與位於首都東京的居民、關係人口、甚至來自海外的觀光客接觸互動的實驗性店鋪，通常一家店會包含物產館、諮詢中心、餐廳、講座空間等服務型態，扮演著地方大使館的角色。

可在各區之下多線思索，要吸引誰、用什麼策略來溝通。例如，士林夜市沒人潮了，是不是因爲品牌印象已僵化？如何與這個區域連結？在非常時期，更適合展開這樣的城市品牌再造工程。

2｜與其他縣市串聯共榮，成為台灣的魅力樞紐

「多連結」是台北重要的無形資產，一代代人流動而至，與台北有著深淺不一的交互關係。身爲資源充沛的首善之都，台北應責無旁貸扛起台灣對內對外的樞紐位置，成爲聚合節點（hub）放射全台。

成爲一處區域創流平台，應積極展開與縣市之間的串聯，引動「關係人口」的能量，就像在東京銀座周邊，你可以造訪全日本各地位於首都的天線店(2)。台北是否可思考如何與其他縣市進行議題搭配，或發展各式商業及展會合作。地方將因台北獲得更大的舞台，從而鏈結更大的機會，

而台北也因爲這樣的連結，能獲得源源不絕的風格及能量，壯大彼此。

3｜用「體驗」滿足未能出國的潛在需求

二〇二〇年台灣曾因疫情湧現一波「僞出國」的企畫，強調身在台灣，一樣能享受彷彿出國的「體驗感」，算是一種窮則變變則通的創意。在提供較爲精緻的國際化體驗服務上，台北有著獨樹全台的發展利基，尤其美食部分。或許可以結合相關業者發揮創意，盤點台北旅宿休閒文化資源，採包套模式，創造獨一無二的「類出國」體驗服務，滿足出不了國之頂級客群的需求，以及有著各式「Lost」(3)症狀者對於出國的渴盼。

4｜宜住台北，透過移動讓台北成為第二個家

近年來台北人口持續減少與流失，二〇二〇年就有超過四萬人離開，面對這樣的警訊，有沒

有可能透過人的流動，創造反向的「二地居住」，也就是讓住在地方，但渴望與城市產生更多連結的人，把台北市當成第二個家，固定有一段時間住在台北。

甚至可以標榜台北爲「亞洲二地居城市」，在後疫情時代，用台灣相對的「安全」，來吸引國外退休族群，或亞洲許多能透過移動工作的人，例如創業家、內容工作者等，以台北市爲第二據點長居。爲實踐這樣的可能，包括雙語、多語指標等各種支持系統的強化刻不容緩。

最壞的時代，也許就是另一個最好的開始，台北市應多所省思，趁勢梳理城市DNA，提升服務品牌，擦亮風格魅力，善用企劃力，追求永續，適時調整目標方向、定位與策略，才有機會逆勢而起。前進吧！首都！

創造力習作

一、二、三，深呼吸
三題三分鐘動動腦

Q1

你對台北十二個行政區熟悉嗎？你認為不同分區之間，各自有著什麼樣的魅力？

Q2

台北需要地方創生嗎？有什麼議題是很適合台北來深度耕耘及推動的？

Q3

如果你是台北市長，面對人口持續外移，你會採取什麼樣的策略？

3　日本有「台灣 Lost」說法，意指在日本有一群喜歡台灣，但因不能造訪而產生失落感的人，而這樣的概念可以衍生來談在台灣同樣有許多因不能到日本或其他國家，而產生焦慮感的人，尤其台灣有許多京都粉絲，因此 Kyoto Lost 應該充斥在台灣各地才是。

「後疫時代」首都台北的創生契機

❖4 大戰術
⇨用城市特色創造美好體驗來帶動發展

01 梳理台北 12 區魅力，打造獨特的地域品牌

02 與其他縣市串聯共榮，成為台灣的魅力樞紐

03 用「體驗」滿足未能出國的潛在需求

04 宜住台北，透過移動讓台北成為第二個家

……

台北應趁勢梳理城市 DNA，提升服務品牌，
擦亮風格魅力，善用企劃力，追求永續，
適時調整策略，才有機會逆勢而起。

總複習

未來的設計創造：對接場景，提煉創造未來的10種關鍵能力

以上透過六十篇主題文字，三個層次脈絡，嘗試演繹成爲一位未來的設計創新思維人才，所需具備的智識領域，希望以此爲起點，引領大家一起大步向前，遇見在地魅力，喚醒感知覺，以未來爲向努力。

我們身處這個人類史上最開放，訊息無邊際，領域弱界限，關係看似陌生但確實緊密的時代，在「以未來爲向」努力時，需要我們注入設計思維爲底蘊，聚焦問題根本核心，引動方案具象形塑，最終才能改變眞實成就。那麼，具體來說，在這個過程中，個人應具備哪些能力才能做到？這些能力又該如何養成？

在本書的最後，我想提出心目中「未來的設計創造者」所需具備的十個關鍵能力，以及日常中培養這些能力的方式。讓我們一起來學習、精進，早日進化成爲未來世界所不容放過的創新人才。

培養10種關鍵能力，創造未來

1—觀察力：脈絡與同理，問題覺察

觀察是人類與生具備的能力，但也許因爲太過於自然，以致絕大多數人都沒能善用它。要能見人所不見，察人所不察，關鍵還是在於有一顆好奇心，培養對於脈絡細節的知解掌握，如何從現象中進行推理，兼具鳥瞰與蟲觀的視角，最後形成問題意識。

培養觀察力

A 起手式：請找尋一個你感興趣的人潮流動地點（如：車站，校門），找尋一個位置站立半小時，持續觀看一個重複的過程（如：進車站，交易），記錄下每一個互動，分享你所觀察到的任何差異。

B 持續技：請給自己一個觀察任務（如：我要觀察路上行人的包包），然後在一整天中，持續進行拍照與記錄（如：人/包包在哪裡或做什麼），企圖從關聯性上分析出差異，並建構問題意識。

2—預視力：願景與逆算，前瞻決斷

現象的改變與區域的變化，雖緩慢但確實有跡可循。因此，在投入一件事情之前，能否有著願景式的思考能力，想想事物變化的來龍去脈，從過去、現在，如何展望五到十年的未來，再嘗試把自己放到這個現象中思考，而後逆向倒推，善用直覺及第六感進行決策！

培養預視力

A 起手式：找尋日常生活中一個人類的行爲或生活模式，想想過去、現在，還有嘗試預測未來的可能性與情況（如：工作上的聯絡，過去的方式、現在的方式，那未來的方式呢？）。

B 持續技：想想一個城鎮的發展，如何振興，嘗試從人口統計資料、現況的觀察，到預測未來的可能變化。如果訂目標爲二〇三〇年要成爲一座永續城市，那接下來八年時間可以怎麼做？

3｜溝通力：跨世代連結，認知理解

單打獨鬥的時代儼然結束，未來的任何事物，都將是透過多元共創的思維模式及做法才有可能順利推動。因此，要能夠做到快速換位相互理解，並能軟性進行橫向鏈結，以利計畫或方案的運行。如何能在多重價值與異質環境中，找到公約數，具有好的溝通能力實在重要。

培養溝通力

A 起手式：請嘗試找一位相差一個世代的長輩，進行一個觀念或價值觀的溝通，挑選一個具爭議、有世代認知差距的議題（如：性別平權，城市美感，金錢觀），嘗試換位思考，盡力達成共識。

B 持續技：請嘗試找兩位異質性的人（如：年齡差，生活經驗差）共同進行一段共創歷程，如共同籌劃一場老少皆宜的活動（如：中秋節聯歡晚會，跨區小旅行），看能不能順利完成。

4 自學力：選擇與探索，厚植智識

現在應該是人類歷史上資訊最爲爆炸、知識門檻最扁平的時代，許多的概念、價值、模式，就這樣隨著科技、社群不斷的蛻變、散播並軸轉。當學校學的堪稱落後指標，老師角色轉變爲引路人，如何從海量資訊中找出自我所需要的部分自主學習並持續精進，就更顯重要。

培養自學力

A 起手式：請嘗試找一個半天，前往大型書店造訪最顯目的新書平擺桌，從四種不同類型的新書中各挑選一本，花時間把書略讀完畢，想想書籍彼此之間的連結關係或是否有所啟發。

B 持續技：請嘗試找一個自己感興趣但不熟悉的領域，前往大型圖書館，借下十本該領域的重要書籍，然後花兩個月時間讀完，並舉辦一場分享會來分享對於該領域知識脈絡的理解。

5｜提案力：構想與企劃，一提必中！

有好的創意構思與點子，接下來該如何溝通表達並落實？關鍵就在能否有好的企劃能力，能邏輯的把意念透過文字或圖表來進行表達，讓不同立場與位置的合作方，都能理解並支持。無論是透過簡報方式或者是企劃書撰寫，提案能力是需要長期練就的關鍵能力。

培養提案力

A 起手式：請嘗試以家人生日派對為例，進行一份十頁簡報內容，包含起心動念、舉行目的、執行策略、目標客群、執行方法、預算分配、質量效應等部分，並嘗試向關係人進行提案。

B 持續技：請嘗試以住家改造為例，完成一份募資的提案企劃書，從溝通對象、訴求價值、回饋條件，到目地、策略、方法、預算、效應等進行撰寫，完成後寄給十個朋友進行提案。

6 執行力：規劃與實踐，縝密周全

再好的創見構想，都需要透過執行力的展現，改變才會眞正落地，創造眞實的影響力。所謂的「專案」貴在流程管控，有效統合，並能讓營運爲先，從過程中持續進行優化，亦步亦趨，不延遲，讓方案能依照既定的目標與方向進行，執行力絕對是關鍵的能力。

培養執行力

A 起手式：延續前一項提案力，依照該專案實際的可執行性來進行確認與修正後，隨即展開相關的籌備與執行工作，並請在按表操課完成之後，針對流程細項與預期目標進行總檢討。

B 持續技：請依照實際情況，籌備一場須邀請五位朋友的餐會或小旅行，從前期經驗與需求調查，活動的籌劃到執行，最後透過訪談來獲取回饋，確實執行過一遍，眞實歷練專案執行力。

7｜獨處力：自在與從容，原力存在

在這個網路及社群無比發達的年代，人與人之間的關係看似緊密，但也無比脆弱。隨著高齡、少子、家庭定義的軸轉，「一個人」的狀態，即將成爲每個人一生當中難以避免的類常態，因此如何培養自處的意識、能力及平常心，將是人生旅途中需要修練的一項能力。

培養獨處力

A 起手式：請嘗試一個人在外頭過一整天，完成五項通常需要攜伴參加的活動，如一個人去喝咖啡、在餐廳吃飯、看電影、參加活動、獨自完成任務等，從行動中體驗平靜情緒。

B 持續技：請嘗試進行一個人的一週生活實驗，盡可能在一週內不主動與他者聯繫，如上班也減少互動，過著一個人的生活，並請每天晚上記錄下這一整天的行動與心情。

8 — 共感力：同理與換位，感同身受

同理心可說是人類的本質能力，但通常因生活及社會化的過程而一點一滴被磨滅殆盡，因此如何透過刻意的練習，來找回所失去的對於他者的深切共感能力，就顯得無比重要。透過換位思考能放大感官及覺察力，讓人放下我執，擴大到利害關係人角度進行思考。

培養共感力

A 起手式：請嘗試在正常的一天生活中，觀察五個他者之間的眞實互動情形，分析這樣情況的優劣，並換位思考如果你是其中一位當事人，你會採取什麼樣的方式來處理？

B 持續技：請嘗試利用一週的時間，每天在生活中有意識地進行換位，當與他者接觸之後，想想如果你是他，你會怎麼做？持續不斷進行換位練習，並嘗試從他者角度來思考自己。

9 ｜鑑賞力：理解與評析，感質充滿

雖然這幾年台灣的社會持續在進化，但許多的認同與價值觀，仍出現世代、城鄉與智識間的差距。就以美感來說，絕對不是所謂的見仁見智，而是與美感經驗的養成與否有所關聯，而從生活品質，乃至於文化理解意識同樣也是如此，因此能持續培養薰陶就顯得重要。

培養鑑賞力

A 起手式：請嘗試利用一天之中的空檔，觀察並記錄下身邊的人事物，拍下五張你覺得美跟五張覺得不美的影像，試圖說出你的真實感受與理由，並與身邊一位有品味的朋友分享。

B 持續技：利用一個月時間，每週造訪一處社教場館（如：美術館，博物館，設計展），並欣賞一次藝文表演（如：音樂，舞蹈，戲劇），透過多面向接觸，從中培養自身的美感意識。

10｜遊戲力：感受與互動，共感體驗

時代變遷飛快，資訊爆量，訊息通透，尤其社群主導之下，讓人們生活衍生了許許多多的壓力，而不少人也這樣忙碌、壓抑的過活。因此，如何懷抱著餘裕之心來過每一天，透過遊戲體驗來放鬆身心，提高自身的感知力及感受度，就更顯重要。

培養遊戲力

A 起手式：請嘗試利用夜晚造訪任何一處新式的共融公園，進行半小時的遊具體驗，盡力去玩耍，放空回到如孩童時的純真遊戲狀態，並在體驗之後，好好回想記錄下自己的感受。

B 持續技：請攜伴前往遊樂園遊玩，假想自己當下回到當年國中的年紀與狀態，盡可能體驗所有的遊具，全程不拍照，盡情的體驗玩耍嬉笑，具體感受一下有沒有幸福感猶然而生。

羅馬不是一天造成的，未來的設計創造人才應具備的這十項關鍵能力，以及能力的培養，方法不難，困難的是如何突破心防，大無畏的嘗試，並不止息的鍛鍊。祝福大家都能從這樣的過程中，有所收穫，成爲未來在等待的人才。

後記

帶著好奇心及探索的勇氣，持續跨界，用創造力來迎向未來

這本書嚴格來說，經歷相當長的創作歷程——三大部分，七個章節，一共六十篇文章，從我在過去七年之間，所寫過的百餘篇各式媒體專欄選出，原文總字數應超過三十萬字，而後編輯台的巧思進行選談，並將每篇文章重新化整爲零的梳理出脈絡，再經由我自己逐一進行大幅度的改寫與潤飾，加上好理解的圖像化處理，最終，才是出現在大家眼中的這個完整作品。

這本專書的出版，算是把自己過去的學思歷程，還有對於議題的關懷，進行一次總整理，必須說隨著書籍出版，自身也有一種說不上的暢快感，並感覺往後可以在這樣的基礎之下，更有自信、節奏並心無旁騖的，再次大步向前，持續探索任何的新可能。

❏

自己常常認爲，因擁有一顆未滿的好奇心，還有不算差的洞察力，才得以展開這一路的探索之旅。想想過去在踏入社會實踐領域之前，就曾周遊在許多領域之間，商業、民俗、歷史、出版、行銷、酒類、文化、都市等範疇，都曾經是我的最愛，並都有不同程度的研究。而這樣從小就「三分

鐘熱度」令人感到擔心的性格，並沒有困擾我，反而讓我能自在的在不同領域之中持續悠游。

就如同近年來大家所認識的林承毅，可能是屬於設計思考的，屬於服務設計的，屬於體驗創新的，屬於社會設計的，屬於文化評論的，屬於出版媒體的，屬於民俗文化的，屬於日本文化的，屬於都市研究的，屬於地方創生的，而這些範疇對我來說，是興趣，是專業，更是志業，也是事業，吸引我持續探索精進。

常常反思自己爲什麼那樣子的貪心，爲什麼不能落實職人精神，兢兢業業就專注一樣？最後，我恍然大悟，其實只是熱情沒有被澆滅，因此依舊不斷的在進行探索，而箇中的交集，就在「未來創造」這四個字之上。

到底未來是什麼？我不知道，但我期待透過這樣的行動能更貼近它一點，而每個面向的林承毅，只是很認真的在當下做他自己，但綜合起來就是滿滿的對於未來的好奇，還有不斷的想透過人本設計的方法及精神，來挑戰社會狀態、區域發展及未來變遷的決心。

最後，要再度謝謝大家的耐心閱讀。如果本書的某篇章內容，能給予大家些許的啟發，那就是身爲執筆者最感到榮幸之處，也歡迎大家透過不同的方式，與我進行討論。

林承毅

寫於二〇二一年十一月二十二日

未來的設計創造：
打開你的五感六覺，對接場景、逆算時代！ 60 堂設計未來的創意必修課
【林承毅｜未來創造塾】系列 1

作者　林承毅
執行編輯　吳佩芬
封面設計 / 版型　郭彥宏
內文排版 / 圖表　高巧怡
行銷企劃　林瑀、陳慧敏
行銷統籌　駱漢琦
業務發行　邱紹溢
營運顧問　郭其彬
果力總編輯　蔣慧仙
漫遊者總編輯　李亞南
出版　果力文化 / 漫遊者文化事業股份有限公司
地址　台北市松山區復興北路331號4樓
電話　(02) 2715-2022
傳真　(02) 2715-2021
服務信箱　service@azothbooks.com
網路書店　www.azothbooks.com
臉書　www.facebook.com/azothbooks.read
營運統籌　大雁文化事業股份有限公司
地址　台北市松山區復興北路333號11樓之4
劃撥帳號　50022001
戶名　漫遊者文化事業股份有限公司
初版一刷　2022年2月
定價　台幣450元

國家圖書館出版品預行編目 (CIP) 資料

未來的設計創造 : 打開你的五感六覺，對接場景、逆算時代！60 堂設計未來的創意必修課/ 林承毅著. -- 初版. -- 臺北市 : 果力文化, 漫遊者文化事業股份有限公司出版 : 大雁文化事業股份有限公司發行, 2022.02
272 面 ; 15x21 公分. -- (林承毅/ 未來創造塾系列 ; 1)
ISBN 978-626-95570-1-1(平裝)
1.CST: 產業發展 2.CST: 區域開發 3.CST: 創意
552　　111000314

ISBN　978-626-95570-1-1